毎日おかわり！
かんたんレシピ

＼給食がおいしい／と評判の
保育園・幼稚園の人気メニュー

WILLこども知育研究所 編著

はじめに

わが子に、おいしいものを食べさせてあげたい。
そして、**好き嫌いなく何でも食べて**、元気に大きくなってほしい。
そのような気持ちで、おうちの方は日々キッチンに
立っているのではないでしょうか。

しかし、理想と現実は違うもの。
食が細いことや偏食、
子どもが「おいしい」と喜んで食べる献立の**アイデア**に
頭を悩ませることも多いでしょう。

そこで、この本では、
おいしい給食を出している**保育園**や**幼稚園**に
子どもたちに人気のあるメニューを聞き、
１食分の**献立**にして、レシピにまとめました。

子どもが苦手な野菜や魚などの食材を
食べやすい人気メニューで紹介！
さらに、切り方やゆで方など、
食べやすさをアップさせるための
調理のコツを紹介しています。

手作りおやつもバラエティー豊富！
パパッとできるお手軽おやつや、
家庭ではなかなか思いつかない、
園のお墨つきのユニークなおやつを教えてもらいました。

幼児期は**“自分の力で食べよう”**という意識が芽生える時期。
また、**味覚が育ち、食への関心が広がる**ときでもあります。

これらの意識や味覚、食への関心を育てるには、
まずは、**家族で囲む食卓が“楽しい場”**であることがいちばん！
さらに一緒に食べる大人からの働きかけも大切になります。

そこで、それぞれの園が行っている、
子どもの**食への関心を広げる試み**や、
食べ残し克服のためにしている、**雰囲気作りや声かけ**など、
家庭ですぐにまねできることも
わかりやすくまとめました。

この本が、
子どもと囲む、日々の食卓を豊かに、楽しい場とし、
毎日を一生懸命にがんばる
お母さんたちの**サポーター**になればと思っています。

Contents

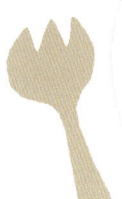

この本について

分量

献立もおやつも、大人2人、子ども2人を基本にしていますが、お子さんの年齢によって、食べる量には差があります。そのため、分量はあくまでも目安として、実際に調理をする際にはご家庭に合う量に調節してください。また、各園の給食に近い料理ができあがるように、園ごとに材料の分量表記が異なるところがあります。量も園によって差がありますが、こちらもそれぞれの家庭に合う量で調理をしてください。

― 表示の仕方 ―

材料のところで、1字文字が下がっているものは、塩もみなど、下準備用の材料になります。

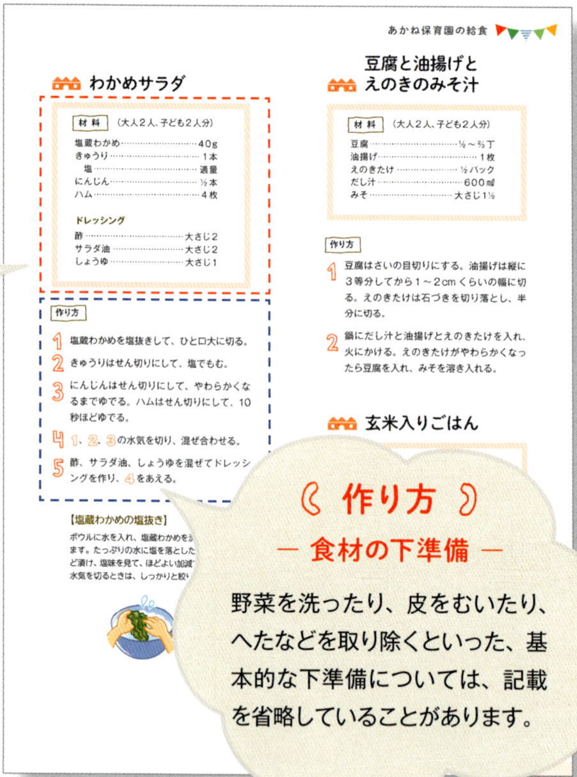
あかね保育園の給食

わかめサラダ

材料　（大人2人、子ども2人分）

塩蔵わかめ……40g
きゅうり……1本
　塩……適量
にんじん……½本
ハム……4枚

ドレッシング
酢……大さじ2
サラダ油……大さじ2
しょうゆ……大さじ1

作り方

1 塩蔵わかめを塩抜きして、ひと口大に切る。
2 きゅうりはせん切りにして、塩でもむ。
3 にんじんはせん切りにして、やわらかくなるまでゆでる。ハムはせん切りにして、10秒ほどゆでる。
4 1、2、3の水気を切り、混ぜ合わせる。
5 酢、サラダ油、しょうゆを混ぜてドレッシングを作り、4をあえる。

【塩蔵わかめの塩抜き】
ボウルに水を入れ、塩蔵わかめを
ます。たっぷりの水に塩を落とした
ど漬け、塩味を見て、ほどよい加減
水気を切るときは、しっかりと絞

豆腐と油揚げとえのきのみそ汁

材料　（大人2人、子ども2人分）

豆腐……½～⅔丁
油揚げ……1枚
えのきたけ……½パック
だし汁……600㎖
みそ……大さじ1½

作り方

1 豆腐はさいの目切りにする。油揚げは縦に3等分してから1～2cmくらいの幅に切る。えのきたけは石づきを切り落とし、半分に切る。
2 鍋にだし汁と油揚げとえのきたけを入れ、火にかける。えのきたけがやわらかくなったら豆腐を入れ、みそを溶き入れる。

玄米入りごはん

作り方

― 食材の下準備 ―

野菜を洗ったり、皮をむいたり、へたなどを取り除くといった、基本的な下準備については、記載を省略していることがあります。

栄養の表示

それぞれの献立で使っている食材の栄養的な働きを、赤、黄、緑の3つに分けて表示しています。献立を少しアレンジして作るときも、栄養のバランスに注意して、変えていけるといいですね。

赤
血や肉となって体を作る
たんぱく質、カルシウム

黄
熱や力のもととなる
炭水化物、脂質

緑
体の調子を整える
ビタミン、ミネラル、食物繊維

赤 血や肉になる
豆腐、さけ、鶏肉、チーズ、みそ

黄 熱や力になる
ごはん、じゃがいも、三温糖、片栗粉、ごま

緑 調子を整える
しょうが、コーン、ごぼう、たまねぎ、ねぎ、わかめ

アレルギー対応　乳製品　卵　小麦

シチュールーをホワイトソースがわりに
ホワイトソースを作る材料にアレルギーがある場合は、卵や乳製品、小麦を使わない市販のシチュールーをかわりに使って作ることができます。

アレルギー対応

食物アレルギーの３大アレルゲンとされる、卵、乳製品、小麦に対して、園でアレルギー対応をしているものについては、ページ内にその方法を掲載しています。レシピに入っている３大アレルゲンで対応のないものや、これらの食材以外でも、お子さんのアレルギーの原因となる食材が入っていたら、それについては、調理の際に除去するなど、対応をしてください。

調理のワンポイント
春雨サラダはドレッシングの味が決め手のメニューです。ドレッシングはレシピの分量どおりに、きちんと計量をして作ることをおすすめします！

調理のワンポイントと料理用語

乾物の戻し方や湯通しの方法、煮崩れを防ぐ方法など、調理のうえで知っておくとよいポイントを紹介しています。また、「“ひたひたの”とは？」などの、調理用語をイラストつきで記載しています。基本的なことを確認しながら調理を進められます。

【“ひたひたの”とは？】
“ひたひたの○○”とは、鍋に材料を平らに入れて、水やだし汁を注いだときに、材料の一部がちょこっとだけ見えている状態をいいます。材料をゆでたり、煮物などを作ったりするときに出てくる言葉ですので、覚えておきましょう。

各園の取り組み

それぞれの園で行う、食への関心を広げる取り組みや好き嫌い、偏食に対する保育者のフォロー、栄養士さんの調理の工夫など、家庭でもすぐにできるポイントをまとめています。

知っておきたい

料理の基本

この本では、複雑な調理をするメニューはありません。シンプルな調理法だからこそ、料理の基本を押さえておけば、満足のいく仕上がりにつながります。調味料の計り方や火加減、油の温度などの基本を復習もかねて見ていきましょう。

調味料の計り方

計量道具や手を使って計る基本を知っておきましょう。ただし、あまり神経質にならずに、材料の大きさやようすによって加減して料理を楽しみましょう。

計量スプーンで計る

大さじ1

液体

盛り上がって、こぼれないところまで入れる。

粉

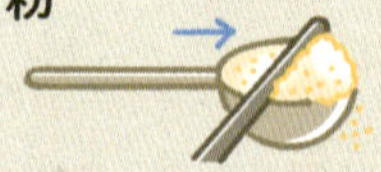

山盛りにすくってすり切る。ペースト状のものも同様。

大さじ½

液体

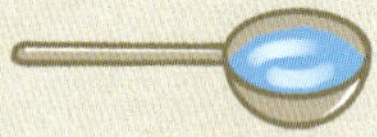

深さ⅔くらいのところまで入れる。

粉

すり切りをして、中心から半分にする。

計量カップで計る

カップ1杯を計るときは、平らなところにカップを置いて、真横から目盛りを読む。

手で計る

少々

親指と人さし指の2本の指でつまむ。

ひとつまみ

親指、人さし指、中指の3本の指でつまむ。

火加減

料理のおいしさの決め手のひとつになる火加減。目安を知っておきましょう。

弱火

消えない程度の弱い炎。炎の高さは中火の半分くらいが目安。

中火

炎が強火よりも丸みを帯び、鍋底に軽く当たる。料理でいちばん多く使われる。

強火

炎が鍋底からはみ出さずに、全体的に勢いよく当たっている状態。

揚げ油の温度

油の温度をうまく調節すると、おいしい揚げ物ができます。覚えておきましょう。

低温　150～160℃

乾いた菜箸を入れると、箸の先から細かい泡が出る。

中温　170～180℃

乾いた菜箸を入れると、箸全体から細かい泡が静かに出る。

高温　180～190℃

乾いた菜箸を入れると、箸全体から泡が勢いよくたくさん出る。

野菜の下処理

下ごしらえをきちんとすれば、味がよくなったり、食べやすくなったりと、いいことばかりです。

絹さやの筋を取る

ヘタをつまみ、先に向かって引っぱって、ヘタと一緒に筋を取る。これで歯ざわりがよくなる。

じゃがいものあくを抜く

じゃがいもは皮をむいたあとに、１０分ほど水にさらしてあくを抜く。芽はあく抜きの前に包丁でえぐって取っておく。

たけのこを下ゆでする

1. 先を斜めに切り落とし、縦に切り込みを入れる。
2. 鍋にたっぷりの水と米ぬか、唐辛子１～２本を入れて１時間ほどゆでる 。
3. ゆでたお湯につけたまま冷まし、流水で米ぬかを洗い流して皮をむく。

ごぼうを洗う

流水で表面の泥を落とす。皮が気になるときには、包丁の背か、たわしでこする。

野菜の保存法

キャベツやかぼちゃのような大きな野菜や、料理で少しだけ使う野菜は、保存方法を知っておくと便利です！

キャベツ

丸ごとひとつ使いきらないときには、外側の葉から１枚ずつはがして使うと長く保存ができる。カットしたキャベツは、湿らせた新聞紙で包み、ポリ袋などに入れて冷蔵庫へ入れる。

ごぼう

土のついたものは、新聞紙に包んで、風通しのよい冷暗所に置く。10日から２週間くらい保存ができる。洗ったものは湿らせた新聞紙に包み、ラップをして冷蔵庫の野菜室で１週間ほど保存できる。

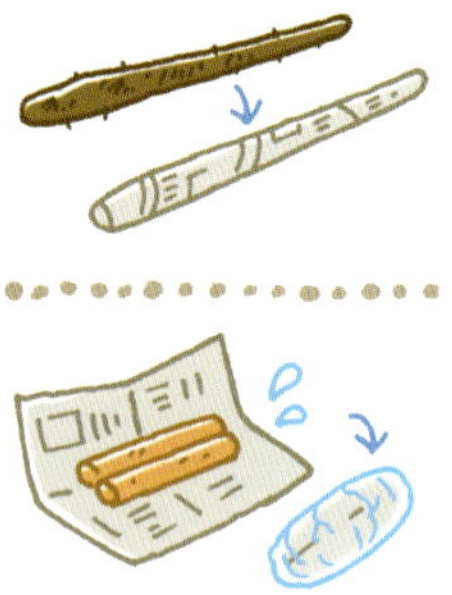

かぼちゃ

使いかけのかぼちゃは、わたと種をきれいに取り除き、ラップに包んで冷蔵庫の野菜室へ。１週間ほど保存できる。冷凍する場合は、使いやすいサイズに切ってからゆで、冷めたら冷凍用の保存袋に入れて冷凍庫へ。

さつまいも

丸ごと保存するときには、冷蔵庫には入れず、新聞紙で包んで冷暗所に置く。切ったものは、切り口をラップで覆い、冷蔵庫へ入れて早めに使い切る。

大根

葉を切り落とし、切り口が乾かないようにラップに包んで、冷蔵庫の野菜室で保存する。冷凍にするときは、大根おろしか、せん切りにして塩をふり、水気を絞ったものを冷凍用保存袋に入れて保存する。

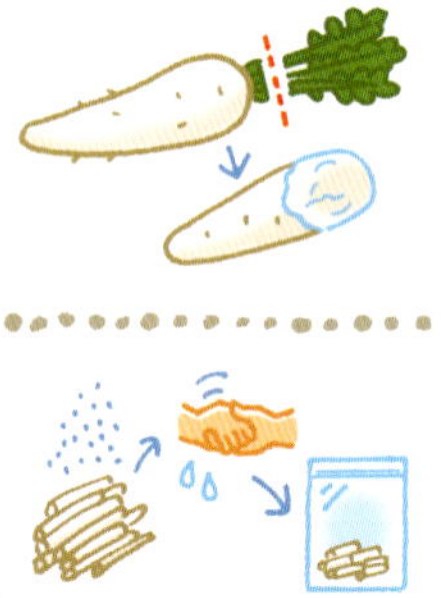

もやし

長く保存ができないので、できるだけ早く使いきる。保存する場合は、熱湯をかけて水気を切り、保存袋に入れて保存する。

しめじ

使い残しはラップに包んで冷蔵庫へ入れ、３～４日で使いきる。冷凍する場合は、石づきを切り、小房にしてから冷凍用保存袋に入れて冷凍庫へ。約１か月間保存ができる。

ねぎ

使いかけのものは、適当な長さに切り、ラップに包み、冷蔵庫の野菜室に立てて置く。約10日間保存ができる。冷凍する場合は、小口切りやみじん切りにして、水気を切って冷凍用保存袋へ入れて冷凍庫へ。約１か月保存可能。

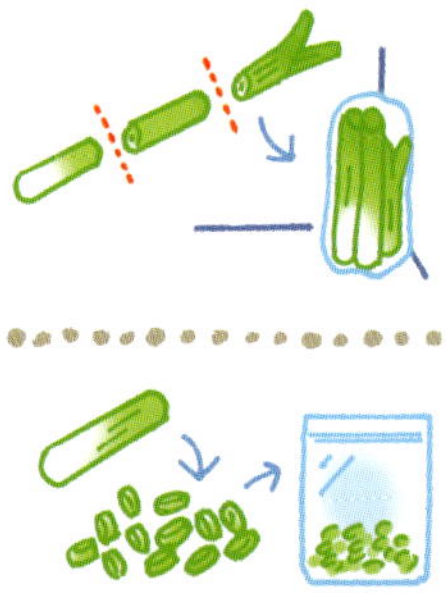

お米とだし汁

本に出てくる、お米の種類やだし汁のとり方をまとめて紹介します。

米

お米をかえるだけでも食卓に変化が出ます。さまざまなお米を味わってみてはいかがでしょうか。

精白米

玄米を精米してぬかと胚芽の部分を除いた米のこと。白米ともいう。精米をしたら、1か月以内がおいしく食べられる目安。ふたつきの容器に入れ、冷蔵庫での保存がベスト。

発芽玄米

白米よりも栄養価の高い玄米を少しだけ発芽させたもの。玄米よりも栄養価が高い。炊飯器で炊きやすいので食卓に取り入れやすい。

雑穀米

米に麦やあわ、豆、ひえ、きびなどを混ぜたもの。ビタミン類やミネラル、食物繊維が豊富。多くの種類の雑穀米が市販されていて、混合の種類もさまざま。

だし汁

料理の基本となるだし汁。時間のあるときにまとめてとって、保存しておくとすぐに使うことができます。

かつおだしのとり方

1. 沸騰した湯にかつおぶしを入れる。かつおぶしが湯にすべて漬かったら火を止める。
2. 鍋の底にかつおぶしが沈んだら、取り出してだし汁の完成。

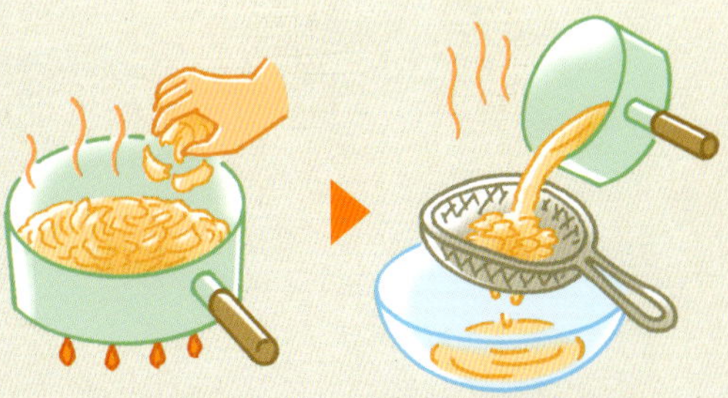

昆布だしのとり方

1. かたく絞ったぬれぶきんで昆布の表面の汚れを軽くふき、切り込みを入れる。
2. 水に昆布を入れて、30分以上置く。その後、火にかける。
3. 沸騰する直前に火を止めて昆布を取り出す。

煮干しだしのとり方

1. 煮干しの頭と内臓を取り除く。
2. 水に煮干しを入れて、30分以上置く。その後7～8分、煮立てる。出てきたあくは取り除く。

※容器に水を入れ、頭と内臓を取り除いた煮干しを入れて、一晩冷蔵庫に入れておいても、同じようにだしがとれる。

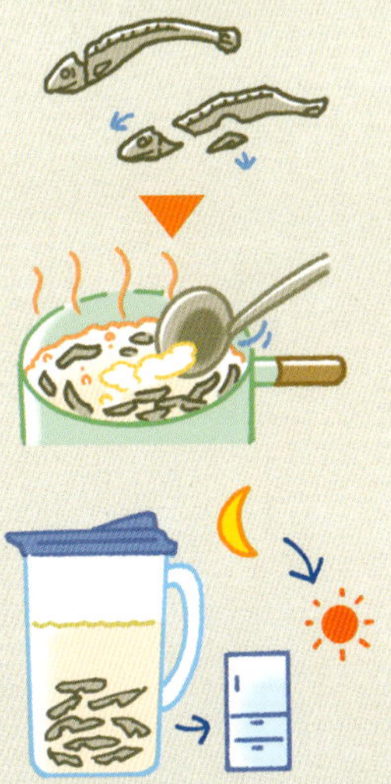

家族で楽しむ季節の行事と食事

春

3月

女の子の健やかな成長を祝うひなまつり。一生一人の人と連れ添うようにと願いを込めた、はまぐりのお吸い物や、見通しがよくなるとされるれんこんなどを入れたちらしずしが、定番として知られています。縁起のよい料理を囲んでのパーティーもおすすめです！

4月

きれいな桜が咲き、春の訪れに心おどる時期。家族みんなでお花見に出かけてみてはいかがでしょう。そのときには、お弁当をお供に。手の込んだものを作らなくても、シンプルなお弁当でOK。おにぎりやサンドイッチに、卵焼き、から揚げなど、定番のおかずを用意しましょう。桜の下での食事は格別です。

5月

5月5日は子どもの日。端午の節句ともいわれ、古くは男の子のお祝いの日とされていましたが、今は男女に関係なくお祝いをする日です。折り紙でかぶとやこいのぼりを作ったり、柏もちを食べたり、菖蒲湯に浸かったりとお楽しみはいろいろ。食卓では、お子さまランチを作り、特別な1日を過ごしてはどうでしょう。

夏

6月

6月になると梅の実が出回り始めます。梅シロップや梅ジャム、梅干しなど、さまざまな梅の保存食を子どもと一緒に作り、味わいましょう。梅を使った保存食は、火を使わずにできる作業も多いので、たくさんお手伝いをしてもらうといいですね！

7月

７月の行事といえば、七夕。短冊に願いごとを書いて、家族で星空を見るというのもすてきですね。暑くなり、食欲も落ちてきがちな時期でもあります。七夕の日は、天の川に見立てた、涼しげなそうめんを味わってみてはいかがでしょう。

8月

ゆかたを着て、夏祭りや盆踊りを楽しむ……。子どもにとっては楽しいひとときです。屋台で売っているような、焼きとうもろこしや焼きそば、たこ焼きなどを食卓に並べ、お祭り気分の夕食もたまにはおもしろいかもしれません。

取材した園では、季節の行事と合わせて、さまざまな料理を味わっています。
食事を楽しむことで、食への関心が広がり、“食べてみたい”気持ちがアップします。
季節の行事に合わせてご家庭で楽しめる“食のヒント”をご紹介します。

秋

9月

まん丸のお月様がきれいな十五夜。夜空に浮かぶ大きな月を子どもと一緒に愛でたいものです。お月見というと、お団子をすぐに思いつきますが、お月様のように丸いものを食卓に並べるのも楽しいものです。丸い肉団子や丸くにぎったおにぎり、白玉のデザート……。アイデア次第でユニークなお月見ができます。

10月

10月31日といえば、ハロウィン。もともとは西洋に伝わる宗教的な行事でしたが、近ごろは日本にも定着しました。ハロウィンといえば、かぼちゃ。かぼちゃを使ったサラダやスープなどの料理やパイやプリン、カップケーキなどを家族で味わってもいいですね。

11月

子どもの成長を祝う七五三。晴れ着に身を包み、縁起物の千歳あめを持って神社にお参りをする姿はとてもかわいらしいものです。家族でのお祝いは背伸びしすぎず、華やかなちらしずしや自分で巻く手巻きずしなどに、子どもの好きなおかずを添えた、ちょっとだけ特別なものでOKです。

冬

12月

12月といえばクリスマス。手作りケーキや家族の好物を並べ、ひとときを過ごしましょう。また、12月の冬至では、昔からゆず湯に入り、かぼちゃ料理やあずき入りのかゆを食べる習慣があります。かぼちゃはベータカロテンがいっぱい！　冬に栄養のある物を食べて元気に乗りきろうという昔の人の知恵です。

1月

新しい年を祝うお正月。五穀豊穣を願う田作りや、まめに働けるようにとの意味をもつ黒豆など、おせち料理には縁起によい料理が欠かせません。1品でも、子どもと一緒におせちを作ってみることも食文化に触れる体験になります。また、1月7日の朝に食べる七草がゆもこの時期だけのもの。無病息災を願って家族で味わいましょう。

2月

「鬼は外、福は内！」。立春の日には豆まきをしたり、小枝に刺したいわしの頭を玄関に飾ったりと、古くから伝わる風習がたくさんあります。最近、知られるようになったのは恵方《えほう》巻き。その年の縁起のいい方角を向いて、願いごとをしながら、しゃべらずに太巻きずしを丸ごと1本食べるのです。子どもは大きなものは難しいので、細巻きずしなどの食べやすいものを用意してチャレンジです！

素材を生かした家庭的な献立

埼玉 あかね保育園の給食

日々の給食から
生活力もアップ

1 調理を子どもの身近に

建物のほぼ中央にある給食室。大きな窓を開け、「今日のごはんなあに？」と声をかける子や、窓からもれるおいしそうな香りに、思わずつばをのむ子の姿も見られます。家庭でも台所はオープンな場所にして、準備のときから五感を刺激し、食欲を引き出しましょう！

2 積極的に食とかかわる習慣を

園では園児自身が食事を盛りつけます。バイキング形式にすることで、「これだけ食べてね」という受け身ではなく、食に対して「これを食べたい！」「もっと食べよう」という積極的な気持ちが育ちます。また、自分が食べきれる量を知ることにもつながります。

＼おいしそう／

"家庭のような保育園を"という理念は給食にも反映され、野菜いっぱいの素朴で手軽にできるメニューが並びます。自分たちでお米をといだり、自分で食事の盛りつけをしたりと、食べることを通して、子どもたちの生活力もはぐくまれています。

3 基本は楽しく、無理強いはしない

食べることを楽しむことが幼児期には大切。「今はダメでも大人になれば食べられる」とおおらかに構え、無理強いしないように心がけましょう。苦手なものはひと口食べられればOK！　ひと口でも食べたことをしっかりほめましょう。

園児が自ら盛りつけたお皿には、ハンバーグのつけ合わせに、オクラ1本とかぼちゃがちょこり……。しかし楽しく食べられれば、少しでもOKなのです！

4 薄味でもうま味のある調理を

素材の味を生かした料理は、健康や味覚の発達につながります。きちんとだしをとることや、化学調味料を使わない自然のうま味のあるものを食べることで、その人の食事の基本が作られます。また、園では給食とおやつに毎回、果物を食べます。果物を通して、食材本来の味を知ることもできます。

かぼちゃもハンバーグも、素材の味を生かした調理が基本。シンプルな調理法で手際よく作れるメニューが魅力です。

自慢レシピ 1

さけに加えるひと手間がカギ
さけコーンマヨネーズ

魚の苦手な子でも、マヨネーズとコーンをつけて焼くことで、食欲もアップします。ごまごぼうやじゃがいものそぼろ煮は、素材の味や食感を生かしてシンプルに調理を。

赤 血や肉になる
さけ、鶏ひき肉、豆腐、わかめ、粉チーズ、みそ

黄 熱や力になる
じゃがいも、ごはん、マヨネーズ、片栗粉、三温糖、ごま

緑 調子を整える
コーン、しょうが、ごぼう、玉ねぎ

さけコーンマヨネーズ

材料　（大人2人、子ども2人分）

コーン（缶詰）	100g
さけ	6切れ（240g）
マヨネーズ	½カップ
塩	少々
こしょう	少々
粉チーズ	適量

作り方

1. コーンはざるにあけて水を切り、マヨネーズと合わせておく。オーブンを230℃に温めておく。
2. さけは両面に塩とこしょうをふる。さけの広い面を上にして（皮の面を下にして）1をのせ、その上から粉チーズをふりかける。
3. 天板にオーブンシートをしき、2を並べて、温めたオーブンで10分ほど焼く。

アレルギー対応…………乳製品　卵

卵不使用のマヨネーズを使って

園では、卵を使わないアレルギー対応のマヨネーズを用いて調理をしています。また、粉チーズは使わずに焼いています。

正しい食卓の配置

じゃがいものそぼろ煮

材料　（大人2人、子ども2人分）

じゃがいも	5個
鶏ひき肉	120g
しょうが	1かけ
だし汁	500mℓ
A　三温糖	大さじ¾
A　しょうゆ	大さじ1
水溶き片栗粉	適量

（※片栗粉1に対して、水2の割合で溶いたもの）

作り方

1. じゃがいもは食べやすい大きさに切って水にさらす。しょうがはすりおろす。
2. だし汁とAを合わせておく。
3. 鍋に鶏ひき肉、しょうがのすりおろし、2のだし汁の¼の量を入れて煮る。鶏ひき肉に火が通ったら、水溶き片栗粉を入れ、とろみをつける。
4. 別の鍋に2の残りのだし汁とじゃがいもを入れ、やわらかくなるまで煮る。
5. 4と3を混ぜ合わせる。

【水溶き片栗粉】

水溶き片栗粉を作るときには、片栗粉1に対して、水2の割合で溶くと、ほどよくとろみがつきます。

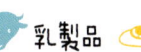

ごまごぼう

材料 （大人２人、子ども２人分）

ごぼう……………………20㎝（60ｇ）
だし汁………………………………適量
三温糖…………………………大さじ¾
しょうゆ………………………大さじ１
ごま（白）……………………大さじ２

作り方

1. ごぼうはよく洗って、5cm くらいの長さに切る。太い部分は縦半分か ¼ に切り、５～10 分水にさらす。
2. 鍋にごぼうと、ひたひたのだし汁を入れ、竹ぐしが通るまで煮る。
3. 三温糖、しょうゆ、ごまを混ぜ合わせ、2 が冷めたらあえる。

【“ひたひたの” とは？】

“ひたひたの○○” とは、鍋に材料を平らに入れて、水やだし汁を注いだときに、材料の一部がちょこっとだけ見えている状態をいいます。材料をゆでたり、煮物などを作ったりするときに出てくる言葉ですので、覚えておきましょう。

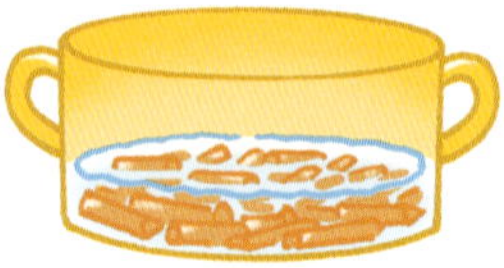

玉ねぎ、豆腐、わかめのみそ汁

材料 （大人２人、子ども２人分）

玉ねぎ………………………………¾個
豆腐……………………………½～⅔丁
わかめ（乾燥）……………………適宜
だし汁……………………………600㎖
みそ…………………………大さじ1½

作り方

1. 玉ねぎはひと口大に切る。豆腐はさいの目に切る。
2. 鍋にだし汁と玉ねぎを入れ、火にかける。玉ねぎがやわらかくなったら豆腐を加え、みそを溶き入れる。
3. 火を止めて、乾燥わかめを入れる。

【さいの目切り】

さいの目切りとは、食材をさいころのような小さな1cm くらいの立方体に切ること。豆腐のさいの目切りは、まな板に豆腐を置き、まず、1cm 幅になるように、まな板と平行に包丁を入れて横に切ります。そのあとに1cm 角になるように、垂直に包丁を入れます。

玄米入りごはん

材料 （大人２人、子ども２人分）

精白米
……２合から大さじ２を引いた分量
発芽玄米………………………大さじ２

作り方

1. 精白米に発芽玄米を混ぜて一緒にとぐ。炊飯器に入れ、規定の量の水で炊く。

自慢 レシピ 2

大きな口でかぶりつきたい！
鶏ウィングさっぱり煮

骨つきの鶏肉に、ぜんまい煮やわかめサラダをプラス。大人の食べ物と思いがちなメニューも、組み合わせしだいで子どもの喜ぶ献立になります。

赤 血や肉になる
鶏手羽元、油揚げ、わかめ、ハム、豆腐、みそ

黄 熱や力になる
ごはん、三温糖、サラダ油

緑 調子を整える
ぜんまい、にんにく、しょうが、にんじん、干ししいたけ、きゅうり、えのきたけ

鶏ウィングさっぱり煮

材料（大人２人、子ども２人分）

鶏手羽元（ウィング）…………10本
にんにく……………………………１かけ
しょうが（薄切り）…………２～３枚
A
- 三温糖……………………小さじ1
- しょうゆ…………………大さじ1
- 酢…………………………小さじ2

水…………………………………1カップ

作り方

1. にんにくは切れ目を入れる。
2. 鶏手羽元は湯通しをする。
3. 鍋にしょうが、にんにく、鶏手羽元を入れ、Aと水を加えて、やわらかくなるまでコトコト煮る。

調理のワンポイント

鶏肉の湯通し

湯通しをすることで、くさみや余計な脂が取れ、仕上がりの味が変わります。手順はかんたん。鍋に湯をわかし、鶏肉を入れ、表面が白くなったら取り出して水気を切ります。一度にたくさん入れると湯の温度が下がるので、量が多いときには数回に分けて湯通ししましょう。

ぜんまい煮

材料（大人２人、子ども２人分）

ぜんまい（水煮）………………120g
にんじん……………………………½本
干ししいたけ………………………３個
油揚げ………………………………２枚
サラダ油…………………………適量
A
- 三温糖…………………小さじ2
- しょうゆ………………小さじ2
- だし汁……………………適量

作り方

1. ぜんまいは5cmくらいの長さに切る。にんじんは斜めに薄切りにして、せん切りにする。
2. 干ししいたけは、ひたひたの水に漬け、戻す。戻し汁はとっておく。水気を絞り、薄切りにする。
3. 油揚げは熱湯をかけ、油抜きし、5mm幅の短冊切りにする。
4. 熱した鍋にサラダ油をひき、にんじんとぜんまいを炒め、2の干ししいたけと戻し汁を加える。
5. 油揚げとAを入れて、にんじんがやわらかくなり、煮汁がなくなるまで煮る。

【干ししいたけを戻す】

干ししいたけは低温で戻すと甘味が出ます。まずは、水洗いをして表面の汚れを落とします。その後、容器に入れて、水をひたひたに加え、ふたをして冷蔵庫へ。肉薄のものは数時間、厚いものは半日以上かけて戻します。

わかめサラダ

材料（大人２人、子ども２人分）

塩蔵わかめ……………………40g
きゅうり…………………………１本
　塩………………………………適量
にんじん……………………………½本
ハム…………………………………４枚

ドレッシング

酢……………………………大さじ２
サラダ油……………………大さじ２
しょうゆ……………………大さじ１

作り方

1. 塩蔵わかめを塩抜きして、ひと口大に切る。
2. きゅうりはせん切りにして、塩でもむ。
3. にんじんはせん切りにして、やわらかくなるまでゆでる。ハムはせん切りにして、10秒ほどゆでる。
4. 1、2、3の水気を切り、混ぜ合わせる。
5. 酢、サラダ油、しょうゆを混ぜてドレッシングを作り、4をあえる。

【塩蔵わかめの塩抜き】

ボウルに水を入れ、塩蔵わかめを洗って塩を落とします。たっぷりの水に塩を落としたわかめを５分ほど漬け、塩味を見て、ほどよい加減で取り上げます。水気を切るときは、しっかりと絞りましょう。

豆腐と油揚げとえのきのみそ汁

材料（大人２人、子ども２人分）

豆腐……………………………½～⅔丁
油揚げ…………………………………１枚
えのきたけ……………………½パック
だし汁…………………………600㎖
みそ……………………………大さじ1½

作り方

1. 豆腐はさいの目切りにする。油揚げは縦に３等分してから１～２cmくらいの幅に切る。えのきたけは石づきを切り落とし、半分に切る。
2. 鍋にだし汁と油揚げとえのきたけを入れ、火にかける。えのきたけがやわらかくなったら豆腐を入れ、みそを溶き入れる。

玄米入りごはん

材料（大人２人、子ども２人分）

精白米
……２合から大さじ２を引いた分量
発芽玄米………………………大さじ２

作り方

1. 精白米に発芽玄米を混ぜて一緒にとぐ。炊飯器に入れ、規定の量の水で炊く。

自慢レシピ 3

みそとしょうゆで家庭的な味に

麻婆豆腐

家庭の食卓にぴったりの和風の麻婆豆腐。ごはんにかけて麻婆丼にしても good です。ひじきは煮物にと思いがちですが、マヨネーズとあえ、新たな味を楽しんでみてください。

赤 **血や肉になる**
豆腐、豚ひき肉、ひじき、ツナ、ベーコン、みそ

黄 **熱や力になる**
ごはん、三温糖、ごま油、片栗粉、マヨネーズ

緑 **調子を整える**
干ししいたけ、長ねぎ、にんじん、ピーマン、かぼちゃ、きゅうり、もやし、にんにく、しょうが

麻婆豆腐

材料（大人2人、子ども2人分）

- 木綿豆腐……1～1½丁
- 干ししいたけ……2～3個
  - 水……150mℓ
- 長ねぎ……½本
- にんじん……⅓本
- ピーマン……1個
- 豚ひき肉……180g
- にんにく……1かけ
- しょうが……1かけ
- A
  - しょうゆ……大さじ1
  - みそ……大さじ1弱
  - 三温糖……小さじ1
  - 酒……大さじ1½
- ごま油……適量
- 水溶き片栗粉……適量

（※片栗粉1に対して、水2の割合で溶いたもの）

作り方

1. 豆腐は湯通しをして水切りし、さいの目に切る。干ししいたけは水150mℓで戻し、水気を絞る。戻し汁はとっておく。軸は切り落とす。
2. Aの調味料を合わせておく。
3. 1の干ししいたけ、長ねぎ、にんじん、ピーマン、にんにく、しょうがは、すべてみじん切りにする。
4. フライパンにごま油をひき、豚ひき肉を炒める。
5. 別の鍋にごま油をひき、にんにく、しょうが、長ねぎ、にんじん、干ししいたけの順に入れて炒め、4の豚ひき肉を加える。2の調味料を入れてよく混ぜる。干ししいたけの戻し汁を加える。
6. 5に豆腐を加えて、ひと煮立ちさせる。
7. 最後にピーマンを入れ、水溶き片栗粉を加えてとろみをつける。

かぼちゃ甘煮

材料（大人2人、子ども2人分）

- かぼちゃ……300g
- 三温糖……大さじ1
- 水……適量

作り方

1. かぼちゃは、ひと口大に切る。
2. 鍋にかぼちゃと三温糖、ひたひたの水を入れる。強火にかけ、沸騰したら弱火にし、やわらかくなるまで煮る。

kitchen memo

三温糖使用は園の伝統！

園では、昔から砂糖は上白糖ではなく、三温糖を使っています。三温糖には、独特の風味や甘味があり、煮物やつくだ煮などに向いているともいわれています。料理に合わせて、砂糖を使い分けてもいいですね。栄養的には大きな差はありませんが、三温糖のほうが、少しだけミネラルを多く含んでいます。

正しい食卓の配置

ひじきサラダ

材料　（大人2人、子ども2人分）

芽ひじき（乾燥）……………………12g
きゅうり…………………………2½本
　塩………………………………適量
にんじん…………………………½本
ツナ（缶詰）………………………60g
しょうゆ………………………小さじ1
だし汁……………………………適量
マヨネーズ……………………½カップ

作り方

1. 芽ひじきは水で戻し、水気を切る。
2. 鍋に 1 としょうゆを入れる。ひたひたのだし汁を加え、水分がなくなるまで煮て、冷ましておく。
3. きゅうりはせん切りにして、塩でもむ。にんじんはせん切りにして、ゆでる。ツナはざるにあけ、油を切る。
4. 2 が冷めたら、3 の野菜の水気を絞って、ツナとともに混ぜ合わせる。
5. 4 にマヨネーズを加えてあえる。

アレルギー対応……………………………卵

マヨネーズは卵を使わないものを

園では、卵不使用のアレルギー対応のマヨネーズを使うことで、アレルギーの子も同じ献立で食べています。家庭でも取り入れれば、家族みんなで同じメニューを楽しめます。

もやしとベーコンのみそ汁

材料　（大人2人、子ども2人分）

もやし…………………………………½袋
ベーコン……………………………1½枚
だし汁……………………………600㎖
みそ……………………………大さじ1½

作り方

1. もやしは洗って、ざく切りにする。ベーコンは食べやすい幅に切って湯通しする。
2. 鍋にだし汁と 1 の具を入れて火にかける。もやしがやわらかくなったら、みそを溶き入れる。

調理のワンポイント

ベーコンの湯通し

鍋に湯をわかし、切ったベーコンを10秒ほど入れて取り出し、水気を切ります。

玄米入りごはん

材料　（大人2人、子ども2人分）

精白米
……2合から大さじ2を引いた分量
発芽玄米……………………大さじ2

作り方

1. 精白米に発芽玄米を混ぜて一緒にとぐ。炊飯器に入れ、規定の量の水で炊く。

自慢レシピ 4

かみごたえがクセになる れんこんボール

ふんわりとしたれんこんボールに
ほっこりとしたじゃがいも、ツルツルの春雨！
ワンプレートの中に多様な味と、
バラエティーに富んだ食感が詰まっています。

赤 血や肉になる
鶏ひき肉、卵、牛乳、ハム、ちりめんじゃこ、みそ

黄 熱や力になる
じゃがいも、春雨、ごはん、薄力粉、ごま油、サラダ油、三温糖、ごま

緑 調子を整える
れんこん、きゅうり、にんじん、もやし、玉ねぎ、しょうが

れんこんボール

材 料 （大人２人、子ども２人分）

れんこん ……………………… 150g
しょうが ……………………… １かけ
鶏ひき肉 ……………………… 300g
卵 ……………………………… １個
A ┌ 薄力粉 ………………… 大さじ３
  │ ごま油 ………………… 小さじ１
  └ 塩 ……………………… 少々
サラダ油 ……………………… 適量

作り方

1 れんこんとしょうがは、すりおろしてボウルに入れる。

2 1 のボウルに、鶏ひき肉と卵、A を加えて、よく混ぜる。

3 サラダ油を中温（160℃）に熱する。２本のスプーンを使って 2 のたねをボール状にして、油に入れる。たねが油の表面へ浮いてきたら、火を強くしてからっと揚げる。

アレルギー対応 ………… 卵 小麦

卵なしでもおいしくできます！
園では、アレルギーの子どもには卵だけを入れずに、同じ手順で作ります。小麦にアレルギーがあるときには、薄力粉は片栗粉にかえます。

じゃがいもミルク煮

材 料 （大人２人、子ども２人分）

じゃがいも …………………… ５個
牛乳 …………………………… 350㎖
塩 ……………………………… 少々

作り方

1 じゃがいもは食べやすい大きさに切って水にさらしておく。

2 鍋にじゃがいもとひたひたの水、塩ひとつまみ（分量外）を入れ、やわらかくなるまでゆでる。やわらかくなったら、水気を切る。

3 鍋に 2 のじゃがいもとひたひたの牛乳を入れ、塩を加えてふたをして３分ほど煮る。

アレルギー対応 ………………… 乳製品

シンプルな塩味で対応！
牛乳にアレルギーのある子には、牛乳なしのシンプルな塩味の粉ふきいもに。ミルク煮と、見た目は大きく違いません。

正しい食卓の配置

春雨サラダ

材料　（大人2人、子ども2人分）

春雨	45g
きゅうり	1本
塩	適量
にんじん	⅓本
ハム	3枚
もやし	½袋

ドレッシング

しょうゆ	大さじ1強
酢	大さじ1½
ごま油	小さじ1
三温糖	大さじ1½

作り方

1. 春雨はゆでて、食べやすい長さに切る。
2. きゅうりはせん切りにして、塩でもむ。
3. にんじんはとハムは、せん切りにし、ゆでる。もやしもゆでる。
4. ドレッシングの材料を混ぜ合わせる。1、2、3、の水気を切ってボウルに入れ、ドレッシングであえる。

調理のワンポイント

春雨サラダはドレッシングの味が決め手のメニューです。ドレッシングはレシピの分量どおりに、きちんと計量をして作ることをおすすめします！

じゃがいもと玉ねぎのみそ汁

材料　（大人2人、子ども2人分）

じゃがいも	2個
玉ねぎ	¾個
だし汁	600㎖
みそ	大さじ1½

作り方

1. じゃがいもと玉ねぎはひと口大に切る。
2. 鍋にだし汁と1の具を入れ、火にかける。じゃがいもがやわらかくなったら、みそを溶き入れる。

じゃこごはん

材料　（大人2人、子ども2人分）

精白米		2合から大さじ2を引いた分量
発芽玄米		大さじ2
ちりめんじゃこ		100g
しょうが		1かけ
A	しょうゆ	大さじ1
	三温糖	大さじ1½
水		適量
いりごま（白）		少々

作り方

1. 精白米に発芽玄米を混ぜて一緒にとぐ。炊飯器に入れ、規定の量の水で炊く。
2. 鍋に湯をわかし、ちりめんじゃこを入れてさっと湯通しする。しょうがはすりおろす。
3. 鍋に2のちりめんじゃこを入れ、しょうがとA、ひたひたの水を加えて煮る。水分がなくなるまで煮つめ、いりごまを加える。
4. 茶わんに盛ったごはんに、3をかける。

自慢のおやつ

じゃこトースト

ここがいい！

カルシウム
いっぱいの
おやつです

材 料 （大人2人、子ども2人分）

ちりめんじゃこ……………………80g
食パン（6枚切り）…………………2枚
マーガリン…………………………適量
マヨネーズ……………………大さじ2

アレルギー対応 ……………………… 卵

マヨネーズは卵を使わないものを

園では、卵不使用のアレルギー対応のマヨネーズを使うことで、アレルギーの子も同じ献立で食べています。家庭でも取り入れれば、家族みんなで同じメニューを楽しめます。

作り方

1 ちりめんじゃこは熱湯でさっと湯通しして、冷ましておく。

2 食パンにマーガリンを塗る。

3 ちりめんじゃことマヨネーズを混ぜ合わせ、2の上に広げてのせる。

4 トースターでこんがりと焼く。

五平もち

ここがいい！

余りごはんで
できて、腹持ちも
バツグン

材料　（大人2人、子ども2人分）

ごはん		大人用の茶わん３杯分
A	みそ	大さじ３強
	すりごま（白）	大さじ2½
	三温糖	大さじ３
	みりん	小さじ２強
水		20㎖

作り方

1. 鍋にAと水を入れて火にかけ、照りが出るまで煮詰める。オーブンを220℃に温めておく。
2. ごはんをめん棒などでつぶし、たわら形ににぎって、1をのせる。
3. 天板にオーブンシートをしき、温めたオーブンで７～10分ほど焼く。

調理のワンポイント

五平もちのみそが余ったときは、ビンなどに保存して、こんにゃくにつけたり、ごまを加えてごまあえに使ったりすることもできます。忙しいときにさっと使えるよう、多めに作っておいてもいいですね。

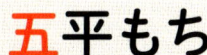

見て楽しく、食べておいしい給食！

山梨　なでしこ保育園の給食

豊かで健康な
体と心を給食から

2 事前の学習で、食への期待感をアップ

朝みんなで、その日の献立やおやつの話を聞きます。そのため、どんな給食なのかと、お昼が近づくとわくわく感も増してきます。家庭でも、夕食の前などに親子でごはんの話をして、食べたい気持ちを盛り上げてもいいですね。

1 育てた野菜をもりもりと！

野菜を収穫すると、給食にとれたて野菜が登場します。子どもたちはそれぞれ、食べたい野菜をひとつ選んでぱくり！　水やりを順番にして、自分たちで作った野菜の味は、やっぱり最高。苦手克服につながります。

お当番さん
です！

給食を通して、豊かで健康な体と心を育てたいと、ひと手間を惜しまない、バラエティーに富んだ給食を出す、なでしこ保育園。食べやすい大きさや温度、子どもが喜ぶ盛りつけにもこだわり、子どもたちからは「おいしい笑顔」がこぼれます。

3 バラエティーに富んだメニューで食事を楽しむ

食べることの楽しさや喜びを知ることが大切な幼児期。多様な食材を使った、アイデアに富んだ献立は、食事の楽しさにつながります。家庭的なものからレストランのメニューのようなものまで、マンネリ化しない工夫をしてみましょう。

4 感謝の気持ちを忘れずに……

自然の恵み、食材を提供してくれた人、調理をしてくれた人、給食を運んでくれる友だちなど、すべてのものや人へ感謝することで、豊かな心がはぐくまれます。家庭でも日々の食事から、「ありがとう」と言う習慣をつけられるといいですね。

5 ひと手間で食欲につなげる

りんごをウサギの形に切ったり、おにぎりを食べやすいひと口サイズににぎったり、また、彩り豊かなかわいい盛りつけをしたり……。こんなひと手間が幼児期の食事作りのポイントです。目で見て、食べたい！と思わせることが、食欲を促します。

自慢レシピ 1

ボリューム満点のグラタン入り！

くるまでブンブンロールパン

グラタンをはさんだロールパンを
大きな車に見立てた、
アイデアサンドイッチ。
味、見た目のかわいさはもちろん、
食べごたえも十分！
ポトフやサラダはさっぱりと……。

赤 血や肉になる
鶏ひき肉、チーズ、牛乳、ウインナー、ひじき、ツナ

黄 熱や力になる
バターロール、マカロニ、じゃがいも、オリーブ油、パン粉、バター、薄力粉、砂糖

緑 調子を整える
玉ねぎ、ミックスベジタブル、きゅうり、にんじん、大根、パセリ、レタス、コーン

※子どものパンは１個です。

くるまでブンブン ロールパン

材 料 (大人２人、子ども２人分)

バターロール
……6個(大人２個、子ども１個)
玉ねぎ……½個
鶏ひき肉……100g
ミックスベジタブル……100g
マカロニ……50～60g
塩……ひとつまみ
オリーブ油……大さじ1
パン粉……少々
きゅうり……¼本
ピザ用チーズ……適量

ホワイトソース
バター……50～60g
薄力粉……50～60g
牛乳……600～700㎖
コンソメ(顆粒)……大さじ1
塩……少々
こしょう……少々

アレルギー対応……乳製品

バターや牛乳なしでも立派なホワイトソースに
バターのかわりにオリーブ油を、牛乳のかわりに調整豆乳を使って、ホワイトソースを作ることができます。チーズはのせずに焼きましょう。

作り方

1 バターロールの上半分に切り込みを入れる。オーブンを 180℃に温めておく。

2 ホワイトソースを作る。鍋にバターを入れ、溶けたら薄力粉を入れて混ぜ、こげないようによく炒める。いったん火を止め、牛乳を少しずつ加えてかき混ぜる。火にかけ、だまにならないように混ぜる。コンソメ、塩、こしょうで味をととのえ、火を止める。

3 玉ねぎは 5mm 角に切る。

4 温めたフライパンにオリーブ油をひき、鶏ひき肉、玉ねぎ、ミックスベジタブルの順に入れて、炒め合わせる。

5 鍋にたっぷり水を入れる。沸騰したら塩を入れ、マカロニをゆでる。

6 2の鍋の中に、ゆでたマカロニと4を入れてソースをからませる。バターロールの中に詰めて、チーズとパン粉をまぶす。

7 オーブンで6のパンを２～３分焼いてこげ目をつける。

8 パンが焼き上がったら、少し厚めの輪切りにしたきゅうりを車のタイヤに見立てて飾る。

コトコトポトフ

材 料　（大人２人、子ども２人分）

じゃがいも……1～2個
にんじん……¼本
大根……50g
玉ねぎ……½個
ウインナー……2～3本
パセリ……2～3房
水……600㎖
コンソメ（顆粒）……大さじ2½
塩……少々
こしょう……少々

作り方

1. じゃがいも、にんじん、大根、玉ねぎは乱切りにする。ウインナーは1㎝幅の輪切り、または３等分くらいの大きさに切る。
2. 鍋に水、にんじん、大根を入れて煮る。やわらかくなってきたら、じゃがいも、玉ねぎ、ウインナーを加え、10～15分煮込む。じゃがいもがやわらかくなったら、コンソメとブイヨン、塩、こしょうを入れて味をととのえる。
3. 皿に盛ったポトフの上にパセリをのせる。

【乱切り】

長細い野菜などの食材を回しながら、切り口の角度を変えて斜めに切ること。じゃがいもなどの野菜は、ひと口大になるように斜めに角度をつけて切ります。

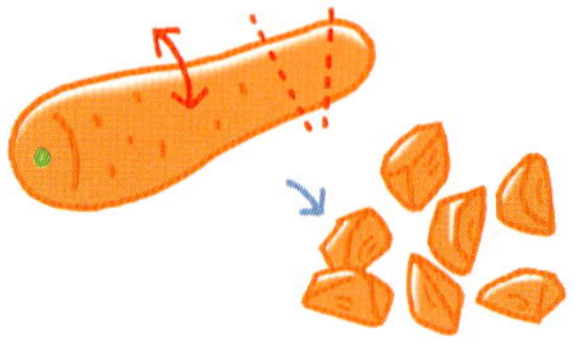

ひじきサラダ

材 料　（大人２人、子ども２人分）

ひじき（乾燥）……大さじ2
きゅうり……¼本
にんじん……¼本
レタス……大1～2枚
ツナ（缶詰）……½缶
コーン（缶詰）……大さじ1
だし汁（かつお、昆布）……適量
塩……小さじ½

ドレッシング

しょうゆ……大さじ1½
砂糖……大さじ1
酢……大さじ1½
塩……少々
こしょう……少々
オリーブ油……大さじ2

作り方

1. ひじきをボウルに入れ、たっぷりの水で戻す。やわらかくなったらざるに移し、水洗いをしてから水気を切る。
2. きゅうり、にんじんはせん切りにし、レタスは食べやすい大きさに切るか、手でちぎる。にんじんはゆでる。
3. ツナをざるにあけて、油を切る。コーンはざるにあけて、水気を切る。
4. 鍋にひじきを入れ、ひたひたのだし汁と塩を加え、弱火で５～10分ほど煮る。
5. ざるにあけて水気を切り、あら熱を取る。
6. ボウルにドレッシングの材料を入れて、よく混ぜ合わせる。
7. 2の野菜、5のひじき、3のコーンとツナをボウルに入れ、ドレッシングであえる。

自慢レシピ 2

かんたん、おしゃれにイタリアン
野菜たっぷりボロネーゼパスタ

トマトの味がしみたボロネーゼに素揚げ野菜をプラス。ひと手間加えて、色鮮やかなパスタのできあがり。サラダとかんたんなデザートを添えれば、いつもの食卓がレストランのような雰囲気に変身！

パンナコッタ風
（黄桃ソースかけ）

グリーンサラダ
（パセリドレッシング）

野菜たっぷり
ボロネーゼパスタ

赤 血や肉になる
豚ひき肉、ロースハム、生クリーム、チーズ、牛乳

黄 熱や力になる
パスタ、無塩バター、砂糖、オリーブ油、ココナッツミルク

緑 調子を整える
玉ねぎ、にんじん、セロリ、にんにく、トマト、なす、かぼちゃ、赤ピーマン、きゅうり、レタス、サニーレタス、ブロッコリー、コーン、パセリ、黄桃（缶詰）

野菜たっぷり ボロネーゼパスタ

材 料　(大人2人、子ども2人分)

玉ねぎ……½個
にんじん……⅓本
セロリ……¼本
にんにく……1かけ
トマト……½個
なす……½本
かぼちゃ……150g
赤ピーマン……½個
豚ひき肉……100g
パスタ……300g
　塩……適量
コンソメ(顆粒)……15g
ブイヨン(キューブ)……1個
湯……300㎖
揚げ油……適量
無塩バター……25g
A　赤ワイン……小さじ2
　　塩……少々
　　こしょう……少々
　　ナツメグ……少々
トマトピューレ……100g
トマトケチャップ……70g
砂糖……少々
生クリーム……小さじ1
バジル粉……大さじ2
オリーブ油……大さじ2
粉チーズ……適量

作り方

1 玉ねぎ、にんじん、セロリ、にんにくはみじん切りに、トマトは1cm角に切る。

2 なすは半月切り、かぼちゃは厚さ7～8mmのくし切りにして、赤ピーマンは2cm角に切る。

3 コンソメとブイヨンは300㎖のお湯で溶かしておく。

4 2のなす、かぼちゃ、赤ピーマンは、それぞれ素揚げにする。

5 フライパンに無塩バターとにんにくを入れて火にかける。にんにくがきつね色になってきたら、豚ひき肉を入れてよく炒め、Aを入れてさらに炒める。

6 5に1の野菜を、玉ねぎ、にんじん、セロリ、トマトの順に入れてよく炒める。

7 6に3のスープ、トマトピューレ、トマトケチャップ、砂糖を加え、とろみがつくまで弱火でコトコト煮つめる。

8 最後に生クリームを入れ、バジル粉で香りをつけたら、ソースのできあがり。

9 大きめの鍋にたっぷり水を入れる。沸騰したら塩を入れ、パスタをゆでる。

10 パスタがゆであがったら水気を切り、オリーブ油をさっとあえて、8のソースと混ぜ合わせる。4の素揚げしたなす、かぼちゃ、赤ピーマンをパスタの上にのせて、粉チーズをふる。

アレルギー対応……乳製品

隠し味程度のものは除去しても

無塩バターのかわりにオリーブ油を使います。生クリームは入れずに。さっぱりとした味を楽しむことができます。

グリーンサラダ
（パセリドレッシング）

材 料　（大人２人、子ども２人分）

ロースハム……………………１～２枚
きゅうり……………………………¼本
レタス………………………大１～２枚
サニーレタス……………大１～２枚
ブロッコリー……………………¼株
　塩…………………………ひとつまみ
コーン（缶詰）………………大さじ１

パセリドレッシング
パセリ……………………………３～５房
酢………………………………大さじ１½
砂糖……………………………大さじ１
塩…………………………………少々
こしょう…………………………少々
オリーブ油……………………大さじ２

作り方

1. ハムはせん切り、きゅうりはせん切りまたは斜めにスライスする。レタスとサニーレタスは食べやすい大きさに切るか、手でちぎる。
2. ブロッコリーは小房に分ける。鍋にたっぷりの水をわかし、塩を入れ、ブロッコリーをゆでる。
3. コーンはざるにあけ、水気を切る。
4. 皿に野菜とハム、コーンを盛りつけ、パセリドレッシングをかけてできあがり。

ドレッシングの作り方

1. パセリをみじん切りにしてざるに入れ、水にさらして水気を切る。
2. ボウルに酢、砂糖、塩、こしょう、オリーブ油を入れてよく混ぜる。
3. さらにパセリを加えて混ぜ合わせる。

パンナコッタ風
（黄桃ソースかけ）

材 料　（大人２人、子ども２人分）

牛乳……………………………500㎖
砂糖…………………………大さじ１½
板ゼラチン……………………２枚
ココナッツミルク……………50g
黄桃（４号缶）………………½缶
バニラエッセンス……………少々
生クリーム……………………100㎖

作り方

1. ゼラチンを水で戻す（やわらかくなるまで10～15分）。
2. 鍋に牛乳と砂糖を入れて弱火にかける。戻したゼラチンを、水気を切って加える。
3. 泡立て器でよく混ぜながら溶かす。溶けたら火を止める。
4. ココナッツミルクを加えて、予熱で溶かす。
5. ボウルに移し、バニラエッセンスを加えて、あら熱が取れたら、冷蔵庫でとろとろになるまで冷やしておく。
6. 生クリームを角が立つまで泡立てる。
7. 黄桃と桃缶の汁大さじ２を、ピューレ状になるまでミキサーにかける。ボウルに移して冷蔵庫で冷やす。
8. 5 に 6 の生クリームを数回に分けて入れ、さっくり混ぜ合わせる。
9. 器に盛りつけて、7 の黄桃ソースをかける。

アレルギー対応……………… 乳製品

豆乳で見た目もそっくり！
牛乳のかわりに調製豆乳を使います。生クリームは入れずに。ココナッツミルクやバニラエッセンスがNGな場合は、これらも除去でOKです。ゼラチンのかわりに寒天を使ってもいいですよ。

自慢レシピ

3

バラエティー豊かな味が楽しめる
ミニおにぎりとひじきバーグ

絵本に出てくる“あおむし”をイメージした盛りつけに、子どもの笑顔がはじけます。3つのおにぎりはどれも違う味。「何から食べよう?」と、大人も子どもも迷ってしまう献立です。

赤　血や肉になる
しらす干し、青のり、鶏ひき肉、ひじき、豆腐、卵、干し桜えび

黄　熱や力になる
ごはん、ごま、パン粉、砂糖、サラダ油

緑　調子を整える
玉ねぎ、にんじん、かぼちゃ、白菜、大根、しめじ、りんご

ミニおにぎり

材料　(大人2人、子ども2人分)

ごはん	大人用の茶碗4杯分
赤しそふりかけ	小さじ1
のりと卵のふりかけ	大さじ1
しらす干し	大さじ2
いりごま	小さじ1
青のり	小さじ1

作り方

1 ごはんを3等分する。

2 1つめに赤しそふりかけ、2つめにのりと卵のふりかけ、3つめにしらす干しといりごま、青のりを混ぜ、3種類のごはんを作る。

3 それぞれのごはんで、大人用2個、子ども用2個の丸いおにぎりを4個ずつ、全部で12個にぎる。

アレルギー対応　卵

ふりかけをかえて3種類のごはんに

卵入りのふりかけが食べられない場合は、かつおふりかけやたらこ、さけなどを代用に。彩りを考えて3色になるものを選びましょう!

ひじきバーグ

材料　(大人2人、子ども2人分)

	鶏ひき肉	200g
	ひじき(乾燥)	大さじ2
	木綿豆腐	1/10丁
	玉ねぎ	中1/3個
	にんじん	中1/4個
A	卵	Sサイズ1個
A	パン粉	大さじ3
A	塩	少々
A	こしょう	少々
A	砂糖	少々
A	しょうゆ	小さじ1弱
	サラダ油	適量
	トマトケチャップ	適量

作り方

1 ひじきは水で戻し、材料外のだし汁、しょうゆ、みりん、砂糖で薄く味をつけ、煮てから水気を切る。

2 豆腐はキッチンペーパーなどを使って、水気を切る。

3 玉ねぎ、にんじんはみじん切りにして、熱したフライパンにサラダ油をひき、しんなりするまで炒めたら、冷ましておく。

4 ボウルに鶏ひき肉、1、2、3とAを入れ、よくこねる。

5 4を平たく丸い形に(あおむしの顔に見立てて)する。熱したフライパンにサラダ油を薄くひいて、弱火で焼き、途中で裏返す。両面に薄く焼き色がつくまで、ふたをして焼く。

6 皿に5を顔に見立てて置き、3種類のミニおにぎりを、あおむしの体になるように並べる。ひじきバーグにトマトケチャップで目や口をかいて、できあがり。

アレルギー対応　卵

調製豆乳が大活躍!

つなぎの卵のかわりに大さじ3の調整豆乳を使うことで、ハンバーグの生地がやわらかくしっとりとします。

かぼちゃの甘煮

材 料　（大人２人、子ども２人分）

かぼちゃ ……………200～300g
だし昆布……………………5㎝くらい
砂糖 ………………………… 大さじ1½
みりん ………………………大さじ1
しょうゆ ……………………小さじ1
塩 ………………………………少々

作り方

1 かぼちゃは種とわたを取り、好みの大きさに切りそろえる。

2 鍋にだし昆布、かぼちゃ、砂糖、みりんを入れる。かぼちゃがかぶるくらいの水を加え、落としぶたをして火にかける。沸騰したら弱火にして、竹ぐしが通るまで煮る。

3 2にしょうゆを加え、味を見ながら塩を入れる。ひと煮立ちしたら火を止める。少し冷めたら器に盛りつける。

調理のワンポイント
昆布は1度ふいてから
昆布を使うときは、表面の汚れを取るために1度、かたく絞ったふきんでふきましょう。水洗いはうま味が流れてしまうのでNGです。

【落としぶた】

煮物をするときに、鍋よりもひとまわり小さいふたを具材に直接のせる方法です。少ない煮汁も全体に行きわたり、味が均一になります。また、煮くずれも防ぎます。ふたがないときには、アルミホイルなどを使っても！

たっぷり野菜のすまし汁

材 料　（大人２人、子ども２人分）

白菜 ……………………………大1枚
大根 …………………………… 中⅒本
玉ねぎ ………………………… 中½個
にんじん …………………… 中¼本
しめじ ……………………………¼株
干し桜えび ……………………大さじ1
だし汁 …………………………600㎖
A うすくちしょうゆ ……… 小さじ1
　酒 ………………………… 小さじ1
　みりん ……………………小さじ1
　塩 ………………………… 小さじ½

作り方

1 野菜は大きさをそろえたせん切りにする。しめじは小房に分ける。

2 鍋にだし汁、1の大根、玉ねぎ、にんじんを入れて火にかける。沸騰したらしめじを入れ、弱火にして野菜がやわらかくなるまで煮る。

3 2に1の白菜を加え、Aを入れて味をととのえる。ひと煮立ちさせて火を止める。

4 それぞれのおわんに干し桜えびを入れ、3を注いでできあがり。

季節の果物（りんご）

材 料　（大人２人、子ども２人分）

りんご ………………………………1個

作り方

1 きれいに洗ったら、好みの形に切る。

自慢レシピ 4

自家製チャーシューとのコラボが絶妙！
炒め野菜のチャーシュー丼

手作りのチャーシューに
炒め野菜を合わせた、
元気の出るどんぶり。
すっきりした味のわかめスープや
フルーツ杏仁は、
どんぶりの存在感を引き立てます。

赤 血や肉になる
豚肉、わかめ、干し桜えび、豆乳、みそ

黄 熱や力になる
ごはん、サラダ油、砂糖、ごま油

緑 調子を整える
キャベツ、玉ねぎ、にんじん、もやし、しめじ、りんご、しょうが、にんにく、えのきたけ、フルーツミックス（缶詰）

炒め野菜のチャーシュー丼

材 料　（大人２人、子ども２人分）

温かいごはん
…………大人用茶わん山盛り２杯
………子ども用茶わん山盛り２杯
［チャーシュー］
豚肩ロース肉（ブロック）……300g
塩……………………………小さじ1
こしょう………………………少々
［炒め野菜］
キャベツ………………………中４枚
玉ねぎ…………………………中½個
にんじん………………………中¼本
もやし…………………………小½袋
しめじ……………………………¼株
塩………………………………少々
こしょう………………………少々
サラダ油……………………大さじ1

たれ
玉ねぎ…………………………中½個
にんじん………………………中½本
りんご…………………………中½個
しょうが（すりおろし）………大さじ1
にんにく（すりおろし）………小さじ1
しょうゆ………………………大さじ1
みそ……………………………小さじ1
砂糖……………………………小さじ1
酒………………………………大さじ1
鶏ガラスープ（顆粒）…………小さじ1
ごま油…………………………大さじ1

作り方

1. 豚肉は、大きいフォークで数か所突き刺す（筋目を重点的に）。塩、こしょうを塗りつけてなじませておく。ネットがあれば肉にかぶせる。
2. たれの材料を、どろどろになるまでフードプロセッサーにかける。
3. 鍋に 1 の肉と 2 のたれを入れて、１時間くらい漬け込む。オーブンを 200℃に温めておく。
4. 漬け込んだ肉をアルミホイルでくるみ、オーブンで40分～１時間焼く。竹ぐしを刺して、透明な肉汁が出るようになったら焼きあがり。食べやすい大きさに切っておく。
5. 3 の肉を漬け込んだ後のたれは火にかけ、煮立てておく。
6. キャベツは 1cm 幅に切り、玉ねぎは薄切り、にんじんはせん切りにする。もやしは長いものがあれば、短く切る。しめじは小房に分ける。
7. フライパンにサラダ油を熱し、6 の玉ねぎ、にんじんを炒め、もやし、しめじを加える。全体に油が回ったらキャベツも加え、しんなりしてきたら、塩とこしょうで味をととのえ、火を止める。
8. どんぶりに温かいごはんを盛りつけ、炒め野菜をしいた上にチャーシューをのせ、好みで 5 のたれをかけてできあがり。

わかめスープ

材料　(大人2人、子ども2人分)

カットわかめ……………………大さじ3
玉ねぎ……………………………中½個
えのきたけ ……………………小½株
干し桜えび ……………… 大さじ1～2
中華スープ ……………………600㎖
しょうゆ………………………小さじ1
酒 ………………………………小さじ1
塩 …………………………………少々
こしょう …………………………少々

作り方

1 カットわかめを水で戻し、さっと洗って、大きいようであれば切って、水気を絞る。

2 玉ねぎは薄切りに、えのきたけは石づきを取り、3～4等分に切る。

3 鍋に中華スープを入れて火にかけ、玉ねぎとえのきたけを加えて、玉ねぎがやわらかくなるまで煮る。

4 しょうゆ、酒、1のわかめを入れ、塩、こしょうで味をととのえ、再度煮立ったら火を止める。器に干し桜えびを入れ、熱々のスープを注ぐ。

フルーツ杏仁

材料　(大人2人、子ども2人分)

調整豆乳 ………………………300㎖
フルーツミックス(4号缶)……… 1缶
板ゼラチン ……………………… 1枚
砂糖……………………… 大さじ1½
アーモンドエッセンス …………少々

作り方

1 板ゼラチンを水で戻しておく。フルーツミックスは、缶のまま冷蔵庫で冷やしておく。

2 鍋に調整豆乳と砂糖を入れて弱火にかける。1の板ゼラチンを、水気を切って加え、泡立て器でよく混ぜながら溶かす。

3 2にアーモンドエッセンスを加えて、火を止める。容器に入れ、あら熱が取れたら冷蔵庫で冷やしかためる。

4 3の杏仁豆腐を四角く、さいころ状に切り、器に盛る。冷やしておいたフルーツミックスを缶の汁ごとかけてできあがり。

アレルギー対応 …………………… 乳製品

牛乳を使わない杏仁豆腐!

杏仁豆腐の材料といえば牛乳が一般的ですが、今回のレシピでは調製豆乳を使うので、アレルギーの子でも心配はありません。

自慢のおやつ

パリパリピザ

ここがいい！

野菜や
チーズが
手軽にとれる

材料　(大人２人、子ども２人分)

餃子の皮
　……10枚(大人３枚、子ども２枚)
玉ねぎ……¼個
コーン(缶詰)……大さじ2
マッシュルーム(缶詰、スライス)
　……10枚
トマトケチャップ……大さじ3
マヨネーズ……大さじ3
ピザ用チーズ……適量

作り方

1 餃子の皮にトマトケチャップを塗る。玉ねぎは薄切りにする。オーブンを 180 ～ 200℃に温めておく。

2 1 の皮に玉ねぎ、水気を切ったコーンとマッシュルームをのせ、マヨネーズをかけ、チーズをのせる。

3 温めたオーブンで３分ほど焼き、焼き色がついたらできあがり。

アレルギー対応……乳製品　卵

コーンを多めにのせて

マヨネーズやチーズが使えないときには、トッピングのコーンを多めにのせます。ケチャップに黄色いコーンが映え、見た目も華やかです。

ほうとうかりんとう

カリッとして
おいしいよ!

ここがいい!

エネルギー
補給に
ぴったり!

材料 (大人2人、子ども2人分)

ほうとう用麺(生うどん) …… 1人前
サラダ油 …… 適量
A
- 砂糖 …… 大さじ2
- すりごま …… 大さじ2
- きな粉 …… 大さじ2
- 塩 …… 少々

作り方

1 ほうとうは5~7cmくらいに切る。

2 170℃くらいに熱したサラダ油で、1のほうとうをかりっとするまで揚げ、油を切る。

3 ボウルにAを合わせ、2のかりんとうにまぶしてできあがり。

栄養のワンポイント

山梨県の郷土料理「ほうとう」の麺を使ったかりんとう。活動量が多い子どもたちには、すぐにエネルギーにかわる、おすすめのおやつです。ほうとう麺のかわりにうどんを使ってもOKです。

ごはんがすすむおかずがいっぱい！

東京　のしお保育園の給食

おいしく食べきる工夫を紹介！

1 いろいろな食感を楽しめる献立に

食事は味や見た目はもちろんのこと、その口ざわりも大切です。食べ物を口にしたときに、“カリカリ”“ふわふわ”“サクサク”といった、さまざまな変化を感じることで、食事への関心も高まります。

2 食べやすい大きさで、食事をより楽しく

子どもの年齢に応じて、食べやすいサイズに材料を切っています。スプーンを使う場合は、スプーンにのせやすいサイズにすることがポイント。こぼさずにスムーズに食べられると、食事もがぜん楽しさを増します。

左の給食は１歳児のもの。献立は同じですが、年齢ごとの咀《そ》嚼《しゃく》などを考え、小さく切っています。味つけも大切ですが、食べやすさにも配慮を。

“白いごはんとおみそ汁に合うメニュー”をモットーにした給食を食べる子どもたち。先生も子どもと一緒に食べ、給食の時間はとても和やか。毎食、自慢の漬け物がついて、子どもたちもポリポリといい音を立てて野菜を食べています。

3 自慢の漬け物で野菜もおいしく

漬け物というと大人のおかずと思いがちですが、子どもたちも大好き。1年を通していつでも野菜が食べられ、手間も少ないので、忙しいお母さんにもおすすめです。

4 上手に食べる姿をきちんとほめて！

子どもがおいしそうに上手に食べていると、保育士さんたちは、しっかりほめています。ほめられると、「ごはんはおいしい！」「ごはんは楽しい」「いっぱい食べよう」と、食事に対してポジティブな気持ちがわいてきます。

5 大人もゆったりとおいしそうに食べる

園では大人も一緒に、ゆったりとした気分で楽しく食事をしています。子どもは大人のまねが好きなので、大人がおいしそうに食べると、つられて食事もすすむようです。家庭の食事も和やかな雰囲気で！

自慢レシピ 1

ほんのりスパイスを効かせた
タンドリーチキン

やさしい味のタンドリーチキンに、
かぼちゃの黄色い色がきれいな
ポテトサラダを添えた人気の献立。
ふんだんに使った野菜のうま味を感じてください。

赤 血や肉になる
鶏肉、ハム、豆腐、豆乳、みそ

黄 熱や力になる
じゃがいも、白玉麸、ごはん、砂糖、サラダ油

緑 調子を整える
にんにく、かぼちゃ、きゅうり、にんじん、干ししいたけ、いんげん、小松菜

タンドリーチキン

材料（大人2人、子ども2人分）

鶏肉（から揚げ用）……… 270g

A
- カレー粉……… 小さじ1
- 豆乳……… 大さじ2
- レモン汁……… 小さじ1
- ケチャップ……… 大さじ1
- 塩……… ひとつまみ
- 砂糖……… ひとつまみ
- にんにく（すりおろし）……… 1かけ分

作り方

1. 鶏肉をひと口大に切る。
2. ボウルにAを入れて混ぜ、鶏肉を30分ほど漬け込む。オーブンを200℃に温めておく。
3. 天板にオーブンシートをしき、鶏肉を並べ、約10分焼く。

アレルギー対応 ……… 乳製品

豆乳を使っておいしい漬けだれに！

タンドリーチキンは、漬けだれにヨーグルトを使うことが一般的ですが、園では豆乳を使うので、乳製品がNGな子どもにも安心です。

アレルギー対応 ……… 卵

ドレッシングで味つけを！

ポテトサラダは、アレルギーの子どもも同じものを食べられるように、マヨネーズではなく、ドレッシングで味をつけます。マヨネーズを使わないと、色が白っぽくなるので、具材にかぼちゃを加え、彩りを鮮やかに！

ポテトサラダ

材料（大人2人、子ども2人分）

じゃがいも……… 大2個
かぼちゃ……… 12g
きゅうり……… ½本
　塩……… 少々
にんじん……… ⅓本
ロースハム……… 30g

ドレッシング

サラダ油……… 大さじ1½
りんご酢……… 小さじ1
塩……… 小さじ½
砂糖……… 小さじ½
こしょう……… 少々

作り方

1. じゃがいもとかぼちゃは、大きめのさいの目切りにする。きゅうりは小口切りにして塩をふり、塩もみする。にんじんは厚さ5mmくらいのいちょう切りにして、沸騰した湯で8分ほどゆでる。ハムは1cm四方に切る。
2. ドレッシングの材料を混ぜ合わせる。
3. 鍋に 1 のじゃがいもとかぼちゃを入れ、ひたひたに水を加え、やわらかくなるまでゆでる。やわらかくなったら湯をこぼし、ふたをして火にかけ、鍋をゆすりながら水気をとばす。火を止めて、熱いうちにマッシャーでよくつぶす。
4. 熱いうちに、2 のドレッシングと混ぜ合わせて味をつける。
5. 冷めたら、1 の水気を切ったきゅうりとにんじん、ハムを加え、さっくりと混ぜ合わせる。

【いちょう切り】

いちょうの葉の形に似ていることからその名がついた“いちょう切り”。にんじんなどの円柱状のものを縦半分に切り、さらにそれを半分にします。4分の1になったら端から均一な厚さで切ります。

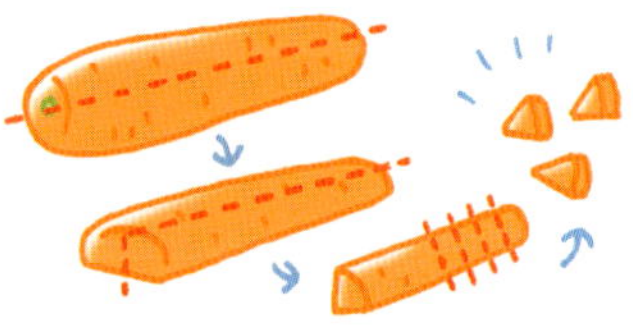

いり豆腐

材料　（大人2人、子ども2人分）

木綿豆腐……………………………1丁
干ししいたけ………………………2枚
にんじん……………………………⅓本
いんげん……………………………3本
A
- しょうゆ…………………小さじ2
- 酒…………………………小さじ2
- 砂糖……………………小さじ1½

B
- しょうゆ…………………小さじ1
- 酒…………………………小さじ2
- みりん……………………小さじ2
- 干ししいたけの戻し汁･大さじ3

サラダ油……………………………適量

作り方

1 豆腐はふきんに包んでまな板に置く。重しをして30分ほどたったら、水気を切る。干ししいたけは水に漬けて戻し、石づきを取ってせん切りにする（戻し汁はとっておく）。

2 にんじんはせん切りにし、いんげんはすじを取って1cmの長さに切ってゆでる。

3 鍋にサラダ油を熱し、1の豆腐を加え、へらでくずしながら炒める。Aを加え、水分が少なくなるまで煮て、火を止める。

4 別の鍋にサラダ油を熱し、にんじんと干ししいたけを炒めて、Bを加え、落としぶたをして弱火で煮詰める。

5 3の鍋に4を入れ、火にかけながら混ぜ、ぐつぐつと煮えてきたら、いんげんを入れて火を止める。

調理のワンポイント
豆腐を炒めるときには、こげやすいので、よくかき混ぜましょう。

青菜と白玉麩のみそ汁

材料　（大人2人、子ども2人分）

小松菜………………………………⅓束
白玉麩………………………………7g
みそ………………………………大さじ2
だし汁……………………………800㎖

作り方

1 小松菜は根元を切り落として、2cmの長さに切る。白玉麩は、水に漬けてふやかし、やわらかくなったら水気を軽く絞る。

2 鍋にだし汁を入れ、小松菜と白玉麩を入れて火にかけ、煮立ってきたら、みそを溶き入れる。

ぬか漬け

材料　（大人2人、子ども2人分）

きゅうり……………………………1本

作り方

1 きゅうりに塩（分量外）をまぶし、よくすりこんでからぬか床に漬ける。

2 ぬか床からきゅうりを取り出し、ぬかを洗い流して、食べやすい大きさに切る。

ごはん

材料　（大人2人、子ども2人分）

精白米………………………………2合

作り方

1 精白米はといで炊飯器に入れ、規定の量の水で炊く。

自慢レシピ 2

野菜も一緒に食べられる かにちらし

野菜もたっぷり入ったかにちらしに、
春雨のあえ物や、じゃがいものごま煮をプラス！
さまざまな味との出会いで、
食材への関心が広がります。

赤 血や肉になる
かに（缶詰）、鶏肉、豚ひき肉、みそ

黄 熱や力になる
ごはん、じゃがいも、しらたき、ごま、春雨、砂糖、サラダ油

緑 調子を整える
にんじん、エリンギ、三つ葉、アスパラガス、玉ねぎ、小松菜、キャベツ、きゅうり

かにちらし

材料 （大人2人、子ども2人分）

精白米……………………………1.5合
合わせ酢
- 酢……………………………大さじ1
- 砂糖…………………………大さじ½
- 塩……………………………小さじ½

にんじん…………………………¼本
エリンギ…………………………小1本
かに（缶詰）…………小1缶（90g）
しょうゆ…………………………大さじ½
砂糖………………………………小さじ2
三つ葉……………………………½束

作り方

1 精白米はといで炊飯器に入れ、規定の量よりも少なめの水を入れて、かために炊く。

2 にんじんはせん切り、エリンギは半月切りにする。鍋にかに（缶汁ごと）、にんじん、エリンギ、砂糖、しょうゆを入れて火にかける。落としぶたをして、沸騰したら弱火にし、ゆっくり煮詰める。

3 合わせ酢を作る。小鍋に酢、砂糖、塩を入れて煮立て、砂糖を溶かす。

4 三つ葉は1cmの長さに切り、さっとゆでて水気を絞る。

5 炊きあがった熱いごはんに3の合わせ酢を加え、さっくり混ぜて酢飯を作る。2の具を加えて混ぜ、三つ葉をちらす。

アスパラと玉ねぎのみそ汁

材料 （大人2人、子ども2人分）

アスパラガス……………………3本
玉ねぎ……………………………⅓個
みそ………………………………大さじ2
だし汁……………………………800㎖

作り方

1 アスパラガスは根元の皮を薄くむき、2cmの長さに切る。玉ねぎは5mm幅に切る。みそは水少々を加え、クリーム状にする。

2 鍋にだし汁と玉ねぎを入れて火にかけ、煮えたらアスパラガスを加え、ひと煮立ちさせ、みそを溶き入る。

調理のワンポイント

アスパラ入りのみそ汁は、アスパラが旬の春から初夏におすすめ。季節によって野菜をかえて、バラエティー豊かなみそ汁を家庭でも味わってください。

【みそ汁におすすめの旬の野菜】

春	夏	秋~冬
・スナップえんどう	・なす	・小松菜
・新じゃがいも	・いんげん	・ほうれんそう
・春キャベツ	・オクラ	・白菜
	・冬瓜	・かぶ
		・大根

じゃがいもと鶏肉のごま煮

材料（大人2人、子ども2人分）

- じゃがいも……大3個
- 鶏もも肉（こま切れ）……180g
- しらたき……60g
- 小松菜……50g
- A
  - だし汁……⅔カップ
  - 砂糖……大さじ1
  - しょうゆ……大さじ1½
  - 酒……大さじ1
- 白すりごま……大さじ1
- サラダ油……適量

作り方

1. じゃがいもは食べやすい大きさに切る。小松菜は2cmくらいの長さに切り、さっとゆでる。しらたきは食べやすい長さに切り、ゆでる。
2. 鍋にしらたきを入れて火にかけ、へらでかき混ぜながら水分をとばす。パチパチと音がしてきたら、サラダ油を加えて炒める。鶏肉を入れ、表面が白くなるまで炒めたら、じゃがいもを入れ、Aを加えて煮る。
3. じゃがいもに火が通ったら、すりごまを加えて混ぜ、水気を切った小松菜も入れて、火を止める。

キャベツと春雨のあえ物

材料（大人2人、子ども2人分）

- キャベツ……中2枚
- 春雨……24g
- 豚ひき肉……40g
- しょうゆ……小さじ1
- 砂糖……小さじ2
- 塩……少々
- サラダ油……適量

作り方

1. キャベツは短冊切りにしてゆでる。春雨もゆでて、食べやすい長さに切る。
2. 鍋にサラダ油を熱し、豚ひき肉を炒め、細かくほぐれたら、しょうゆ、砂糖、塩を加えて、混ぜながら煮詰める。火を止めて冷ます。
3. 水気を絞ったキャベツと春雨、2の豚ひき肉を合わせる。

ぬか漬け

材料（大人2人、子ども2人分）

- きゅうり……1本

作り方

1. きゅうりに塩（分量外）をまぶし、よくすりこんでからぬか床に漬ける。
2. ぬか床からきゅうりを取り出し、ぬかを洗い流して、食べやすい大きさに切る。

自慢レシピ 3

鮮やかな色合いが食卓を彩る！

洋風肉じゃが

家庭の味でもある肉じゃがをアレンジして、ひと味違うおかずに。しっかりとした味つけに、ごはんがすすむこと間違いなしです！

赤 血や肉になる
豚肉、ベーコン、チーズ、みそ

黄 熱や力になる
じゃがいも、ごはん、砂糖、サラダ油

緑 調子を整える
玉ねぎ、にんじん、スナップえんどう、キャベツ、きゅうり、えのきたけ、なめこ、長ねぎ

洋風肉じゃが

材料（大人2人、子ども2人分）

じゃがいも……大2個
玉ねぎ……中1個
にんじん……⅓本
スナップえんどう……6本
豚こま切れ肉……120g
A
- 酒……大さじ1
- しょうゆ……大さじ1½
- 砂糖……大さじ1
- カレー粉……小さじ1
- 水……60㎖

サラダ油……適量

作り方

1 じゃがいもは食べやすい大きさに切る。玉ねぎは薄切り、にんじんは厚さ5mmのいちょう切りにする。スナップえんどうは、すじを取って4等分に切り、1分ほどゆでて水を切る。

2 鍋にサラダ油を熱し、豚肉を炒める。色が変わり始めたら、じゃがいも、玉ねぎ、にんじんを入れ、じゃがいもの表面が少し透明になるまで炒めて水気を切る。

3 Aを加え、落としぶたをして煮る。はじめは強火で、沸とうしてきたら中火にして15分くらい煮る。火が通ったら、スナップえんどうを加えて火を止める。

調理のワンポイント

園では、肉じゃがに添える緑色の野菜は、入手しやすい野菜を使います。スナップえんどうのほかに、絹さや、ピーマン、いんげん、小松菜、ブロッコリーなどがおすすめです。

チーズ入り野菜サラダ

材料（大人2人、子ども2人分）

キャベツ……中4枚
きゅうり……1本
　塩……少々
ベーコン……40g
チーズ……40g

ドレッシング

りんご酢……小さじ1
サラダ油……大さじ1
塩……ひとつまみ
砂糖……ひとつまみ
こしょう……少々

作り方

1 キャベツは短冊切りにして、3分ほどゆでる。きゅうりは薄切りにして塩をふり、塩もみする。ベーコンは細切りにする。チーズは小さめのさいの目切りにする。

2 フライパンでベーコンを弱火で炒め、脂を出す。

3 ボウルにドレッシングの材料を混ぜ合わせる。水気を絞ったキャベツときゅうり、2のあら熱を取ったベーコン、チーズを入れて混ぜ合わせる。

調理のワンポイント

チーズの入ったサラダは子どもに人気。さいの目切りにするときは、なるべく小さめに切って、チーズがたくさん入っているように見せて！

きのこ汁

材 料　（大人２人、子ども２人分）

えのきたけ……………………小１株
なめこ……………………………１袋
長ねぎ……………………………½本
だし汁…………………………800㎖
みそ…………………………大さじ２

作り方

1. えのきたけは根元を切り落とし、長さ 1cm に切る。なめこは流水でさっと洗う。長ねぎは縦半分に切ってから薄切りにする。
2. 鍋にだし汁を入れて火にかけ、煮立ってきたら、えのきたけ、なめこ、ねぎを入れる。
3. 再び煮立ったら、みそを溶き入れて火を止める。

ぬか漬け

材 料　（大人２人、子ども２人分）

きゅうり……………………………１本

作り方

1. きゅうりに塩（分量外）をまぶし、よくすりこんでからぬか床に漬ける。
2. ぬか床からきゅうりを取り出し、ぬかを洗い流して、食べやすい大きさに切る。

ごはん

材 料　（大人２人、子ども２人分）

精白米…………………………………２合

作り方

1. 精白米はといで炊飯器に入れ、規定の量の水で炊く。

手軽にもう１品！

園の子どもたちは、ぬか漬け以外の漬け物も大好きです。家庭でも簡単にできる、人気の漬け物レシピを紹介します！

大根の梅酢漬け

材 料　（大人２人、子ども２人分）

大根…………………70g
　塩…………………適量
梅酢…………… 大さじ１
砂糖…………… 小さじ½

作り方

1. 大根はいちょう切りにして塩をふり、塩もみする。
2. 容器に梅酢と砂糖を入れ、混ぜ合わせる。水気を絞った大根を入れ、30 分ほど置く。
3. 水気を軽く絞って、完成。

自慢レシピ 4

香ばしい香りが食欲をそそる！

かれいみそ漬け焼き

ふんわりとしたかれいや
しゃきっとしたナムルなど、
さまざまな食感が楽しめる献立。
野菜たっぷりで食べごたえも十分です！

赤 血や肉になる
かれい、たらこ、みそ

黄 熱や力になる
ごはん、砂糖、ごま油、ごま、サラダ油

緑 調子を整える
ほうれん草、もやし、にんじん、なす、長ねぎ

かれいみそ漬け焼き

材 料　（大人２人、子ども２人分）

かれい（切り身）
……………240g（40g×６切れ）
みそ……………………………大さじ1½
みりん…………………………大さじ1½

作り方

1　みそとみりんを合わせて、かれいにからめ、30 分ほど置く。オーブンを 200℃に温めておく。

2　天板にオーブンシートをしき、かれいを皮目を上にして並べ、約 10 分焼く。

調理のワンポイント

魚の皮が食べにくいときには、皮を取り除いたものをみそ漬けにするとよいでしょう。

kitchen memo

みそ漬け焼きは ほかの魚や肉でもおいしい！

　園では、かれいのほかにもさまざまな魚を使っています。１年を通して手に入りやすい、さけやさば、春にはさわら、冬にはぶりなどをみそ漬けで味わいます。また、あっさりした鶏肉もみそ漬け焼きにぴったり。いろいろな食材を試してみてください。

ほうれん草と もやしのナムル

材 料　（大人２人、子ども２人分）

ほうれん草………………………¼束
もやし…………………………… ½袋
にんじん…………………………1/5本
A
しょうゆ………………大さじ1
砂糖……………………小さじ1
ごま油……………………………少々
白すりごま……………小さじ1

作り方

1　ほうれん草は長さ 2cm くらいに切る。もやしは洗い、2cm くらいの長さに切る。にんじんはせん切りにする。

2　切った野菜は、それぞれやわらかくなるまでゆでる。

3　A を合わせ、水気を絞った野菜を加えて、ざっくりと混ぜる。

調理のワンポイント

緑色の野菜は、季節によって材料をかえて作ります。春はスナップえんどう、夏はいんげん、ほうれん草や小松菜は秋から春にかけてよく使います。手に入れやすい材料で、ナムルを楽しみましょう。

たらちゃんの木のぼり

材 料 (大人2人、子ども2人分)

にんじん………………………………1本
たらこ……………………………………60g
酒 ……………………………………大さじ1
サラダ油 ……………………………適量

作り方

1 にんじんはせん切りにする。たらこは皮に縦の切れ目を入れて開き、身を取り出す。

2 ボウルに 1 のたらこと酒を入れて合わせ、しっとりとさせる。

3 フライパンにサラダ油を熱し、にんじんを炒め、火が通ってしんなりとしてきたら、たらこを加え、しっかりと火を通す。

調理のワンポイント

たらこがにんじんの木をのぼっているようなイメージから、このユニークな名がつきました。にんじんは包丁でせん切りにするよりも、せん切り器を使って細く切ったほうが味がなじみ、よりおいしく仕上がります。

なすと長ねぎのみそ汁

材 料 (大人2人、子ども2人分)

なす………………………………………2本
長ねぎ……………………………………⅔本
だし汁…………………………………800㎖
みそ …………………………………大さじ2

作り方

1 なすはヘタを切り落とし、皮をまだらにむき、厚さ1cmのいちょう切りにする。長ねぎは縦半分に切ってから薄切りにする。

2 鍋にだし汁を入れて火にかけ、なすと長ねぎを入れる。

3 煮立ったら、みそを溶き入れて火を止める。

ごはん

材 料 (大人2人、子ども2人分)

精白米……………………………………2合

作り方

1 精白米はといで炊飯器に入れ、規定の量の水で炊く。

自慢のおやつ

メロンラスク

ここがいい！

ふんわりした
食感で
食べやすい

材料　（大人2人、子ども2人分）

食パン（6枚切り）	2枚
ホットケーキミックス	大さじ4
バター	20g
牛乳	大さじ1
レモン汁	少々
グラニュー糖	適量

作り方

1. 溶かしたバター、牛乳、レモン汁を混ぜ合わせる。ホットケーキミックスを加えて、切るようにさっくり混ぜ、生地を作る。グラニュー糖はボウルに入れておく。オーブンを180℃に温めておく。
2. 食パンは十字に切って4等分にする。片面に 1 の生地を塗り、グラニュー糖を軽く押しつけたら、ナイフでメロンパンのような網目模様をつける。
3. 天板に 2 を並べ、温めたオーブンで9分ほど焼き、こんがりときつね色になったら取り出す。

アレルギー対応　乳製品

生地の材料をかえて楽しめます！

材料をかえて生地を作ります。

A［砂糖…大さじ1½、サラダ油…大さじ1、豆乳…大さじ1、バニラエッセンス…適量、レモン汁…少々

B［小麦粉…大さじ4、ベーキングパウダー…小さじ½

ボウルにAの材料を入れてよく混ぜたら、Bの材料を加えてざっくりと混ぜます。

じゃがまるくん

もちもちで
おいしいなぁ～

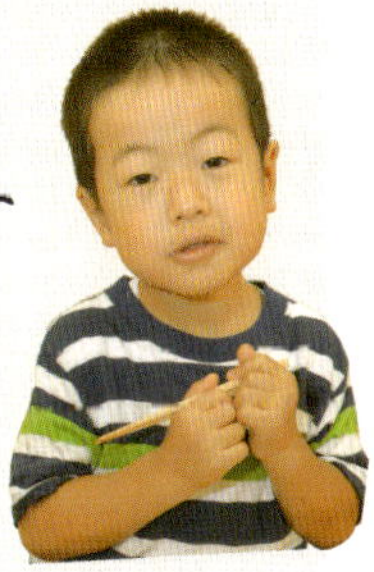

ここがいい！

栄養バランスの
よいじゃがいもが
主役！

材料　(大人2人、子ども2人分)

じゃがいも……………………中3個
片栗粉……………………大さじ1½
オリーブ油…………………小さじ2
しょうゆ………………………適量

作り方

1 じゃがいもはひと口大に切ってゆでる。火が通ったら、マッシャーでつぶす。じゃがいもが熱いうちに片栗粉とオリーブ油を加え、マッシャーでつぶしながら混ぜる。オーブンを230℃に温めておく。

2 1を4等分して、直径5cm、厚さ1.5cmくらいの円形にまとめる。天板に並べて、温めたオーブンで7分ほど、こげ目がつくまで焼く。

3 しょうゆを皿に出し、両面にさっとつける。

調理のワンポイント

じゃがまるくんの生地が少し冷めてから練ると、おもちのような粘り気が出てきて、生地がまとまりやすくなります。また、食感のもちもち感もアップします。

バラエティー豊かな献立で、多くの食べ物を身近に

千葉 稲毛幼稚園の給食

食を通してマナー力や
好奇心をはぐくむ

1 マナーを守って心地よく食事を

きちんと器を持ったり、ごはん粒がお茶わんに残らないようにきれいに食べたりする習慣を身につけるには、この時期の働きかけが大切です。「お皿がピカピカだね」「きれいに食べられたね」などと、子どもをほめ、マナー力も伸ばしていきましょう。

2 「いただきます」はみんなで一緒に

園では、全員が配膳を済ませて着席したら、そろって「いただきます」の歌やあいさつをして食事が始まります。友だちの準備が終わるまで待つことや、きちんと感謝をすることも、食事を通して学びます。

子どもが自分の力で食べるようになる幼児期。この時期にさまざまな体験やバラエティー豊かな給食で多くの食べ物に触れ、味覚を育てています。また、食を通して、好奇心やマナー力、向上心が育つように働きかけることも大切にしています。

3 配膳や片づけを通して向上心を伸ばす

年少児や年中児は、盛りつけてもらった器を自分の席まで運びます。年長児になると、当番を決めてごはんやおかずの盛りつけを行います。食べ終えた器の片づけは、みんな自分たちで。家庭でも、かんたんなお手伝いをお願いするといいですね。

（上）園で行われた食べ物に関するミュージカルのリーフレット。ミュージカルの鑑賞で食べ物が身近に。
（右）年齢別の食育活動の様子をまとめた園だより。

4 給食前のクイズなどで、食べ物への関心をアップ

毎回、給食前に献立を確認して「今日のカレーライスには、どんな野菜が入っているかな？」などとクイズをして、食べ物への興味を広げる働きかけをしています。また、みそ作りをしたり、さんまを丸ごと焼いて食べたりという活動によって、食への好奇心を伸ばします。食事前のクイズは、家庭でもすぐに始められますよ！

自慢レシピ 1

野菜の味と食感も楽しめる
アスパラとマカロニのグラタン

手作りのホワイトソースを使った、
まろやかな味わいのグラタンです。
ミネストローネやかぼちゃのサラダを合わせ、
1回の食事で野菜をたっぷりといただけます。

赤 血や肉になる
鶏肉、チーズ、牛乳、ウインナー、ハム、スキムミルク

黄 熱や力になる
マカロニ、ロールパン、パン粉、サラダ油、無塩バター、薄力粉、マヨネーズ

緑 調子を整える
アスパラガス、玉ねぎ、トマト、大根、キャベツ、かぼちゃ、きゅうり、レーズン、オレンジ

アスパラとマカロニのグラタン

材料　（大人２人、子ども２人分）

アスパラガス……………………５本
玉ねぎ………………………………½個
マカロニ……………………………120g
　塩…………………………………適量
鶏もも肉（こま切れ）…………120g
塩……………………………………適量
粉チーズ…………………………大さじ1
パン粉……………………大さじ2（6g）
サラダ油…………………………適量

ホワイトソース

無塩バター………………………大さじ2
薄力粉……………………………大さじ2½
牛乳…………………………………240㎖
コンソメ（顆粒）…………………小さじ1

作り方

1. アスパラガスは5mm幅に斜めに切って、さっとゆでて水気を切っておく。玉ねぎは薄切りにする。
2. 鍋に湯をわかし、塩を入れてマカロニをゆでる。オーブンを180℃に温めておく。
3. 熱した鍋にサラダ油をひき、鶏肉と玉ねぎを炒め、塩で味をつける。火を止め、マカロニを加えて混ぜ、塩で味をととのえる。
4. ホワイトソースを作る。鍋を火にかけ、無塩バターを溶かし、薄力粉を入れて弱火で炒める。もったりした感じがなくなって、さらっとしてきたら、牛乳とコンソメを混ぜたものを少しずつ加えてのばす。泡立て器でよく混ぜてなじませ、なじんだら火を止める。
5. 3の具とアスパラガスを入れて混ぜ、耐熱容器に入れる。
6. 粉チーズとパン粉をちらし、温めたオーブンで８分ほど焼く。

ミネストローネ

材料　（大人２人、子ども２人分）

玉ねぎ………………………………¼個
トマト………………………………½個
大根……………………1.5㎝（60g）
キャベツ……………………………葉1枚
ウインナー…………………………1本
水……………………………………600㎖
コンソメ…………………………小さじ1
塩……………………………………少々

作り方

1. 玉ねぎは1cmの角切りにする。トマトも1cmの角切り、大根は厚さ5mmのいちょう切りにする。キャベツは2cm四方に切る。ウインナーは5mm幅の小口切りにする。
2. 鍋に水、1の野菜とウインナーを入れて、15分ほど煮込む。
3. コンソメと塩で味をととのえる。

【小口切り】

ねぎやきゅうりなどの長細い食材を、端から同じ幅で切る方法が小口切りです。料理によって食材の切り幅（厚さ）は変わります。

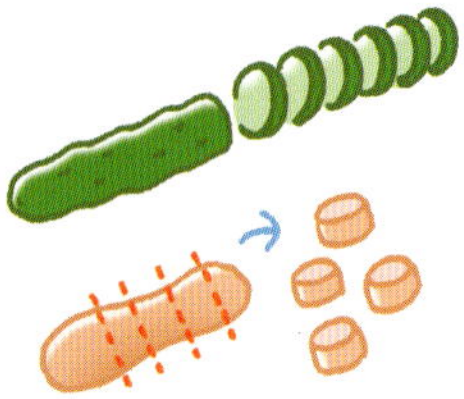

アレルギー対応　乳製品　卵　小麦

シチュールーをホワイトソースがわりに

ホワイトソースを作る材料にアレルギーがある場合は、かわりに卵や乳製品、小麦粉を使わない市販のシチュールーを使って作ることができます。

かぼちゃサラダ

材 料　（大人2人、子ども2人分）

かぼちゃ ………………………… 270g
ロースハム ……………………… 1枚
きゅうり ………………………… ⅓本
レーズン………………………… 12g
マヨネーズ……………………大さじ2
スキムミルク ………………大さじ1

作り方

1 かぼちゃは厚さ5mmのいちょう切りにして、耐熱容器に入れてラップをかけ、電子レンジでやわらかくなるまで加熱する。ハムは1cm四方に切る。きゅうりは厚さ3mmのいちょう切りにしてさっとゆで、水気を切る。

2 レーズンはざく切りにして鍋に入れ、ひたひたの水を加えて、やわらかくなるまでゆでる。

3 スキムミルクとマヨネーズを混ぜ合わせ、1と2のレーズンをあえる。

アレルギー対応………… 乳製品　卵

ドレッシングで代用を

マヨネーズが食べられない場合は、市販の卵を使わないマヨネーズタイプのドレッシングを使います。スキムミルクはほかに代用せず、入れずに作ります。

ロールパン

材 料　（1人分）

ロールパン
（お子さんの年齢によって）
年少…………………………1.5個
年中・年長……………………2個
大人 …………………………3個

オレンジ

材 料　（4人分）

オレンジ………………………… 1個

kitchen memo

さまざまなサラダで
野菜をもりもり食べよう！

園では、アイデアに富んだサラダを食べています。

キャベツやにんじんなどをツナと合わせたり、じゃがいもとツナを合わせたり、スパゲティににんじんやきゅうりを合わせたり。子どもの好きなものと野菜をうまく組み合わせて、家庭でもオリジナルサラダを作ってみましょう。

自慢レシピ 2

和風でボリューム満点！

カレーうどん

子どもの好きなカレーと麺類のコラボレーション！
油揚げ入りの和風のカレーをうどんで存分に味わいます。
サラダは、うどんを引き立てるシンプルなコールスロー。
コーンフレークで食感にアクセントをつけています。

赤 血や肉になる
油揚げ、豚肉、プレーンヨーグルト

黄 熱や力になる
うどん、コーンフレーク、サラダ油、片栗粉、三温糖

緑 調子を整える
にんじん、玉ねぎ、長ねぎ、キャベツ、きゅうり、桃（缶詰）、パイン（缶詰）、みかん（缶詰）

カレーうどん

材料（大人2人、子ども2人分）

- ゆでうどん……3玉
- にんじん……⅔本
- 玉ねぎ……1¼個
- 長ねぎ……½本
- 油揚げ（刻んだもの）……1枚分
- 豚もも肉（こま切れ）……150g
- だしパック……1パック（5g）
- 水……720㎖
- サラダ油……適量
- カレールウ（好みのもの）……60g
- A
  - しょうゆ……小さじ2
  - 食塩……少々
  - みりん……小さじ2
  - 酒……小さじ1
- 水溶き片栗粉
  - 片栗粉……小さじ1
  - 水……小さじ2

作り方

1. にんじんは厚さ5mmのいちょう切りにする。玉ねぎは薄切りに、長ねぎは斜め薄切りにする。油揚げは熱湯をかけ、油抜きしておく。
2. 鍋に水とだしパックを入れ、だしをとる。
3. 別の鍋にサラダ油を熱し、にんじん、玉ねぎ、豚肉を炒める。2のだし汁を加えて、やわらかくなるまで煮る。
4. 長ねぎと油抜きした油揚げを加えて、ひと煮立ちさせる。
5. 火を止め、カレールウを加えて溶かす。
6. カレールウが溶けたら、再び火にかけ、Aを入れて味をととのえる。水溶き片栗粉でとろみをつける。
7. 鍋に湯をわかし、うどんを温める。
8. 器にうどんを盛り、6のカレーをかける。

コールスローサラダ

材料（大人2人、子ども2人分）

- にんじん……⅓本
- キャベツ……葉6枚
- きゅうり……½本
- コーンフレーク……10g

ドレッシング

- 酢……小さじ2
- サラダ油……大さじ1
- 塩……ひとつまみ
- 三温糖……小さじ1

作り方

1. にんじんは長さ3cmのせん切りに、キャベツは長さ4cmのせん切りにする。きゅうりもせん切りにする。
2. 鍋に湯をわかし、にんじん、キャベツ、きゅうりの順にさっとゆでる。
3. ドレッシングの材料を混ぜ合わせておく。
4. 2の水気を切り、ドレッシングであえて、コーンフレークをのせる。

フルーツヨーグルト

材料（大人2人、子ども2人分）

- 桃（ダイスカットの缶詰）……120g
- パイン（⅙切りの缶詰）……90g
- みかん（缶詰）……90g
- プレーンヨーグルト……450g
- 三温糖……大さじ3

作り方

1. プレーンヨーグルトと三温糖をよく混ぜる。
2. 汁気を切った桃、パイン、みかんを1に加えて混ぜ合わせる。

自慢レシピ 3

飽きのこない素朴な味わいが人気
かつお竜田揚げ

赤 血や肉になる
かつお、納豆、わかめ、みそ

黄 熱や力になる
麸、ごはん、片栗粉、サラダ油

緑 調子を整える
しょうが、にんにく、にんじん、大根、きゅうり、白菜、干ししいたけ、バナナ

ふんわり揚がった竜田揚げと野菜いっぱいの納豆。
ごはんは雑穀米を使い、みそ汁のだしには
昆布に干ししいたけを加えるなど、
健康を意識する大人にもうれしい献立です。
※子ども1人分のかつおは50gです。

かつお竜田揚げ

材料　（大人２人、子ども２人分）

かつお……300g
A
- しょうゆ……大さじ１
- 酒……小さじ2½
- おろししょうが……少々
- おろしにんにく……少々

片栗粉……大さじ３
サラダ油……大さじ2½

作り方

1 Aを合わせ、食べやすい大きさに切ったかつおを30分ほど漬けておく。

2 1のかつおに片栗粉をまぶす。フライパンにサラダ油を熱し、かつおの表面がカリッとするまで揚げる。

コロコロ納豆あえ

材料　（大人２人、子ども２人分）

にんじん……⅕本
大根……６㎝
きゅうり……½本
納豆……60g
だししょうゆ（濃口）……小さじ２

作り方

1 にんじんは7mmのさいの目切りにする。大根は1cmのさいの目切りにする。きゅうりは厚さ5mmのいちょう切りにする。

2 鍋に湯をわかし、にんじん、大根、きゅうりの順にゆでる。

3 ゆでた野菜の水気を切り、納豆とあえて、だししょうゆで味つけする。

白菜、わかめ、麩のみそ汁

材料　（大人２人、子ども２人分）

白菜……葉２枚
わかめ（乾燥）……3g
麩……5g
昆布……4g
干ししいたけ（スライス）……2g
水……600㎖
みそ……大さじ2½

作り方

1 鍋に水を入れ、昆布、干ししいたけを１０分浸水させる。

2 白菜は2cm四方に切る。わかめは水で戻し、水気を切っておく。

3 1を火をかけ、沸騰直前で火を止める。昆布を取り出し、細かく切って鍋に戻す。

4 白菜を加えて火にかけ、５分ほど煮たらみそを溶き入れ、最後に2のわかめと水で戻した麩を入れる。

雑穀ごはん

材料　（大人２人、子ども２人分）

精白米……２合
きび・麦・はと麦・ひえ・あわの五穀米……10g

作り方

1 精白米はといで炊飯器に入れる。五穀米を加えて混ぜ、規定の量の水で炊く。

バナナ

材料　（４人分）

バナナ……２本

自慢レシピ 4

きれいな色合いに、箸も進む！

あんかけ焼きそば

ソース味の焼きそばもおいしいですが、
あんかけにすると、野菜の味が引き立ちます。
ほんのり甘いコーンスープや
さつまいものサラダを添えると、
さらに箸も進みます。

赤 血や肉になる
豚肉、ハム、スキムミルク

黄 熱や力になる
中華麺、さつまいも、サラダ油、三温糖、ごま油、片栗粉、マヨネーズ

緑 調子を整える
玉ねぎ、もやし、白菜、にんじん、にら、干ししいたけ、きゅうり、レーズン、コーンクリーム、パセリ、みかん

あんかけ焼きそば

材料　（大人２人、子ども２人分）

玉ねぎ……½個
もやし……½袋
白菜……葉２枚
にんじん……½本
にら……⅕束
豚もも肉（薄切り）……60g
干ししいたけ（スライス）
　……3g
　水……300mℓ
蒸し中華麺……3玉
サラダ油……適量
塩……少々
しょうゆ……大さじ1強
三温糖……小さじ1½
水溶き片栗粉
　片栗粉……小さじ4
　水……小さじ8
ごま油……小さじ2

作り方

1. 玉ねぎは薄切りにする。もやしは水で洗う。白菜は2cm幅のざく切りに、にんじんは厚さ2mmのいちょう切りにする。にらは長さ1cmに切る。干ししいたけは水300mℓで戻し、戻し汁はとっておく。豚肉は2cm幅に切る。
2. 熱した鍋にサラダ油をひき、豚肉を炒める。
3. 玉ねぎ、もやし、白菜、にんじんを加えて炒め、干ししいたけと戻し汁を加えて５分ほど煮込む。最後ににらを加える。
4. 塩、しょうゆ、三温糖で味をととのえる。水溶き片栗粉でとろみをつけ、ごま油で風味をつける。
5. 熱したフライパンにサラダ油をひき、蒸し中華麺を入れ、蒸し焼きにする。
6. 器に中華麺を盛り、4のあんかけをかける。

さつまいもサラダ

材料　（大人２人、子ども２人分）

さつまいも……300g
ロースハム……２枚
きゅうり……½本
レーズン……30g
スキムミルク……大さじ２
マヨネーズ……大さじ３
塩……少々

作り方

1. さつまいもは皮つきのまま、厚さ5mmの輪切りにする。耐熱容器に入れてラップをかけ、電子レンジでやわらかくなるまで加熱する。ハムは1cm四方に切る。きゅうりは厚さ3mmのいちょう切りにして、ゆでる。
2. レーズンはざく切りにして、ひたひたの水でゆでる。
3. スキムミルク、マヨネーズ、塩を混ぜ合わせ、さつまいも、ハム、水気を切ったきゅうりとレーズンをあえる。

アレルギー対応……卵

ドレッシングで代用を

64ページのかぼちゃサラダと同じように、マヨネーズは市販の卵を使わないマヨネーズタイプのドレッシングを使います。スキムミルクはほかのものを代用せず、入れずに作ります。

【麺の蒸し焼き】

中華麺を蒸し焼きにするときには、麺全体に油が回ったら、大さじ２の水をふりかけ、ふたをして中火で１〜２分焼きます。

コーンスープ

材料 （大人2人、子ども2人分）

玉ねぎ……¾個
コーンクリーム（缶詰）……150g
コンソメ（顆粒）……小さじ2
塩……少々
水……540㎖
パセリ……少々

作り方

1. 玉ねぎは1cm四方に切る。
2. 鍋に水、玉ねぎを入れて火にかけ、煮込む。
3. コーンクリームを入れてひと煮立ちさせたら、コンソメと塩で味をととのえる。
4. 最後にみじん切りにしたパセリをふりかける。

みかん

材料 （4人分）

みかん……小4個

お手軽スープ

園の子どもたちに人気のスープを紹介！コーンスープと同じように、かんたんにできます。

マカロニスープ

材料 （大人2人、子ども2人分）

たまねぎ……⅓個
にんじん……⅓本
マカロニ……50g
　塩……適量
コーン（缶詰）……30g
パセリ（乾燥）……少々
水……600㎖
コンソメ（顆粒）……小さじ2
塩……少々

作り方

1. 玉ねぎは厚さ3mmの薄切り、にんじんはせん切りにする。
2. 鍋に湯をわかし、塩を入れてマカロニを規定のゆで時間より少し短めにゆでる。
3. 別の鍋に水600㎖、1を入れ、10分くらい煮る。
4. コンソメと塩を入れて味をととのえたら、コーンとマカロニを入れ、ひと煮立ちさせる。
5. 器に盛り、パセリをふりかける。

自慢のおやつ

キャロットコーン蒸しパン

ここがいい！

苦手な野菜をおやつで克服

材料　（大人２人、子ども２人分）

にんじん	40g
卵	１個
三温糖	40g
薄力粉	40g
ベーキングパウダー	４g
無塩バター	20g
コーン（缶詰）	25g

アレルギー対応 …………………… 卵

卵を入れなくてもOK！

材料から卵を除いて作っても、おいしい蒸しパンになります。

作り方

1. にんじんは適当な大きさに切り、やわらかくなるまでゆでる。水気を切り、フードプロセッサーにかけてペースト状にする。
2. ボウルに卵を割り入れ、三温糖を入れて泡立て器で混ぜる。さらに１を加えて混ぜる。
3. 薄力粉とベーキングパウダーを合わせてふるい、２に加えてさっくりと混ぜる。
4. 溶かしたバターとコーンを加えて混ぜ、カップまたはバットに流し入れる。
5. 蒸気の上がった蒸し器で10～15分蒸して、竹ぐしを刺して、生地がつかなければできあがり。

さつまいもクッキー

さくさくの
クッキーです

ここがいい！

食物繊維豊富な
さつまいも入り！

材料 （大人2人、子ども2人分）

さつまいも	50g
サラダ油	40g
三温糖	40g
薄力粉	100g
ベーキングパウダー	ひとつまみ

アレルギー対応 …… 乳製品　卵

卵もバターも使わないクッキー！

クッキーには卵やバターは欠かせないと思っている人も多いかもしれませんが、それは思い込みです！　バターのかわりにサラダ油を使い、卵も入れずにクッキーを作ることができます。素朴な味を楽しんでください。

作り方

1. さつまいもは皮つきのまま、小さなさいの目切りにする。やわらかくなるまで蒸して、あら熱を取っておく。オーブンを160℃に温めておく。
2. ボウルにサラダ油と三温糖を入れて、泡立て器でよく混ぜる。
3. 薄力粉とベーキングパウダーを合わせてふるい、2に加えて混ぜ合わせる。
4. 3にさつまいもを加え、さらに混ぜて、生地をまとめる。
5. 1人分ずつ分け、好きな形に整える。
6. 温めたオーブンで約20分焼く。

身近な食材を生かした給食をできたてで！

静岡 湖東幼稚園の給食

生活に密着した
食事を大切に

1 畑で栽培した野菜をみんなで

園の近くにある畑では、ミニトマトやなす、きゅうりなど、さまざまな野菜を育てています。自分たちで育てた野菜の味は格別！　カレーの具材になったり、そのまま生で食べたりと、とれたての野菜をおいしくいただきます。家庭ではプランターなどで育てることもできますね。

みんなで作った
ミニトマトだよ

2 行事に沿ったメニューで楽しさをプラス

さまざまな行事に沿った献立は、子どもたちの食への関心や期待感のアップにつながります。七夕、ハロウィン、クリスマス、節分、ひな祭りなど、行事と食を融合して食事を楽しめる環境を作ることも大切です。

給食を“生きた食事”にしようと、旬や地元の食材はもちろん、子どもたちが育てた野菜も取り入れ、いつもできたてを味わっています。リクエストを聞いたり、行事に沿った献立を出したりすることで、生活に寄り添った食事を子どもたちが楽しんでいます。

ツルッツル

3 お味見当番で味覚と表現力をアップ

年長児は給食室でその日の献立を味見して、給食前にみんなに味や食感、見た目を伝えます。質問に答えるために味見は真剣！　味をわかりやすく伝えようと表現にも工夫が見られます。家庭でも味見役をお願いしてみてもいいですね。

どんな味？

4 旬のもの、地元のものを作りたてで！

旬や地元の食材を使った作りたての給食を食べることで、料理本来の味や素材そのもののおいしさが伝わり、食べ残しが減りました。温かいものは温かいうちに、冷たいものはひんやりと。小さな配慮ひとつが食欲につながります。

自慢レシピ 1

ふんわり香ばしいまぐろが主役！

まぐろの照り焼き丼

色鮮やかな錦糸卵が食欲をそそる
まぐろの照り焼き丼。
和の食事で定番のすまし汁や
ひじきの煮物は、だしや素材の味も
しっかりと生きています。

赤 **血や肉になる**
まぐろ、卵、ひじき、厚揚げ、ちくわ、豚ひき肉、豆腐

黄 **熱や力になる**
ごはん、砂糖、サラダ油

緑 **調子を整える**
にんじん、枝豆、葉ねぎ

まぐろの照り焼き丼

材料（大人２人、子ども２人分）

精白米……2合
A
- 酒……小さじ2
- 薄口しょうゆ……小さじ2
- 塩……少々
- みりん……小さじ1

まぐろ切り身……50g×6枚（大人2枚、子ども1枚）
B
- 薄口しょうゆ……大さじ1
- 酒……小さじ2
- みりん……小さじ2

卵……2個
砂糖……小さじ1
塩……少々
サラダ油……適量

作り方

1. 精白米はといで炊飯器に入れ、規定の水とAを加えて、さくらごはん※を炊く。Bを混ぜ合わせ、まぐろを漬けておく。
2. ボウルに卵を割りほぐし、砂糖と塩を加えて混ぜる。
3. 熱したフライパンにサラダ油をひき、卵を薄く流し入れて均一に広げて、弱火で焼く。表面がかたまったら火を止めて冷まし、丸めてせん切りにする。
4. フライパンにサラダ油をひき、まぐろの両面を焼く。
5. ごはんを器に盛り、卵をちらし、まぐろをのせる。

※さくらごはんは静岡県西部地方でよく食べられる、しょうゆ味の炊き込みごはん。

アレルギー対応……卵

同じ色のコーンで色合いをプラス
卵が食べられないときには同じ黄色の食材、コーンを使います。工夫ひとつで彩りのよいどんぶりになります。

具だくさん ひじきの煮物

材料（大人２人、子ども２人分）

ひじき（乾燥）……15g
厚揚げ……⅔枚
にんじん……¼本
ちくわ……1本
豚ひき肉……50g
枝豆（ゆでて皮をむいたもの）……40g
サラダ油……小さじ1
だし汁……100㎖
A
- しょうゆ……小さじ2
- 砂糖……大さじ1
- みりん……小さじ1

作り方

1. ひじきは水で戻し、洗って水を切る。厚揚げは短冊切りにして、ざるにのせ、上から熱湯をかけて油抜きをする。にんじんは厚さ3mmくらいのいちょう切りにする。ちくわは縦半分に切り、さらに斜めに切る。
2. 熱した鍋にサラダ油をひき、豚肉を炒める。ぱらぱらになったら、1のひじきを加えて炒める。さらに、にんじん、厚揚げ、ちくわを加えて炒める。だし汁とAを入れ、汁気がなくなるまで煮る。最後に枝豆を入れる。
3. 火を止め、そのまましばらくおいて味をしみ込ませる。

調理のワンポイント
まぐろをたれに漬け込む時間があれば、5時間～ひと晩、冷蔵庫で漬け込むと、味がよくしみ込みます。

豆腐とねぎのすまし汁

材料　（大人２人、子ども２人分）

豆腐……………………………………½丁
葉ねぎ…………………………………20g
だし汁…………………………………600㎖
A　薄口しょうゆ…………大さじ1⅔
　　酒……………………………大さじ１強
　　塩……………………………………少々

作り方

1 豆腐はさいの目切りにする。葉ねぎは小口切りにする。

2 だし汁にＡを入れて、ひと煮立ちさせ、豆腐を入れる。豆腐が浮かんできたら火を止め、葉ねぎを加える。

調理のワンポイント

さっぱりとしたすまし汁は、豆腐とねぎだけでなく、いろいろな具で楽しめます。手軽なものでは、卵とねぎを入れたり、わかめと麩を入れたりしてもOK。おいしいだしが出る、はまぐりやあさり、ほたてなどの貝やえび、白身魚などを入れてもよいでしょう。子どもが食べやすいものでは、鶏のささみもおすすめです。

kitchen memo

魚を上手に食卓に取り入れよう！

　まぐろ以外の魚で照り焼きを作るときには、身の崩れにくい魚を選ぶと、調理がしやすくなります。さけやさばは調理しやすいうえに、１年を通して手に入りやすいのでおすすめです。また、春が旬のさわらもさっぱりとして照り焼きにぴったりです。

　照り焼き以外にも、さけは塩焼きにして身をほぐし、ごはんに混ぜると彩りもよく、食べやすくなります。また、洋風の味つけにするときには、バジルと塩でシンプルに調理し、魚の味そのものを味わってもよいでしょう。

自慢レシピ 2

家庭で楽しめる外国の味
ピロシキ風サンド

いつものサンドイッチやスープを
ちょっぴりアレンジするだけで、ロシア風の献立に。
身近な素材をうまく取り入れ、
家庭でも新しい味との巡り会いを……。

赤 血や肉になる
合いびき肉、牛肉

黄 熱や力になる
食パン、春雨、じゃがいも、サラダ油

緑 調子を整える
玉ねぎ、にんじん、セロリ、ビーツ、キャベツ、トマト

ピロシキ風サンド

材 料　（大人2人、子ども2人分）

食パン（4枚切り）またはコッペパン……3枚
玉ねぎ……⅕個
春雨……15g
合いびき肉……120g
サラダ油……適量
A
- 塩……少々
- カレー粉……少々
- しょうゆ……小さじ1
- 酒……小さじ1

作り方

1. 食パンは半分に切り、ポケットのように切れ目を入れる。コッペパンの場合は、背割りにする。
2. 玉ねぎはみじん切りにする。春雨はゆでて細かく刻む。
3. 熱した鍋にサラダ油をひき、ひき肉を炒める。色が変わったら、玉ねぎと春雨を加え、A を入れて炒める。
4. 具のあら熱が取れたら、パンにはさむ。

調理のワンポイント

春雨は1～1.5cm くらいに刻むと、ほかの材料とよく混ざります。また、パンにはさむときにも作業がしやすくなります。

ボルシチ風スープ

材 料　（大人2人、子ども2人分）

牛バラ肉（こま切れ）……90g
にんじん……¼本
玉ねぎ……½個
セロリ……⅕本
じゃがいも……1個
ビーツ（水煮缶）……50g
キャベツ……葉1枚（60g）
トマト（ダイスカットの缶詰）…80g
水……600㎖
コンソメ（顆粒）……小さじ1½
塩……少々
サラダ油……小さじ1

作り方

1. 牛肉は小さめに切る。にんじんは厚さ 5mm くらいのいちょう切りにする。玉ねぎ、セロリ、じゃがいもは小さめの角切りにする。ビーツは食べやすい大きさに切る。キャベツは短冊切りにする。
2. 熱した鍋にサラダ油をひき、牛肉、にんじん、玉ねぎを炒める。
3. 牛肉の色が変わったら、キャベツを入れ、さらに炒める。
4. 水、ビーツ、トマト、セロリ、じゃがいもを入れて、15～20 分弱火で煮る。コンソメと塩で味を整える。

調理のワンポイント

じゃがいもの煮くずれが気になるときには、別の鍋でじゃがいもだけをかためにゆでておき、火を止める寸前に鍋に入れてふたをし、味をなじませてもいいでしょう。

自慢レシピ 3

やわらかい食感と甘味が広がる

新じゃがいものミートグラタン

新じゃがいもやたけのこ、春キャベツなど、
春の恵みをふんだんに使った彩り豊かな献立です。
食卓を通して、季節のうつり変わりや旬を
親子で感じてみてはいかがでしょう。

赤 血や肉になる
豚ひき肉、チーズ、わかめ、みそ

黄 熱や力になる
じゃがいも、ごはん、バター、サラダ油

緑 調子を整える
玉ねぎ、たけのこ、チンゲンサイ、キャベツ、絹さや

新じゃがいものミートグラタン

若竹ごはん

春野菜たっぷりみそ汁

新じゃがいもの ミートグラタン

材 料　（大人２人、子ども２人分）

新じゃがいも……………………３個
玉ねぎ……………………………½個
豚ひき肉…………………………100g
A
- トマトケチャップ……小さじ２
- 中濃ソース…………大さじ１弱
- 市販のデミグラスソース…80g
- 塩…………………………少々

ピザ用チーズ……………………80g
バター……………………………少々
サラダ油…………………… 小さじ１

作り方

1 新じゃがいもはよく洗い、皮つきのまま厚さ５mm くらいのいちょう切りにする。鍋に入れ、かぶるくらいの水を加えてゆでる。竹ぐしが通るくらいになったらざるに上げる。玉ねぎはみじん切りにする。

2 熱したフライパンにサラダ油をひき、ひき肉を入れて炒め、ぽろぽろになってきたら玉ねぎを入れ、しんなりするまで炒める。Aを加え、焦がさないように混ぜ、全体がなじんできたら火を止める。オーブンを200℃に温めておく。

3 耐熱の器にバターを塗り、1 のじゃがいもを入れる。2 のソースをじゃがいもがかくれるようにかける。チーズをのせて、オーブンでこんがり焼き色がつくまで、8～10分焼く。

アレルギー対応 …………………… 乳製品

バターやチーズを使わなくても おいしくできます！
器に塗るバターのかわりにサラダ油（適量）を使います。チーズのかわりには、パン粉を。焦げ目がつき、食感もよくなります。

若竹ごはん

材 料　（大人２人、子ども２人分）

精白米…………………………２合
たけのこ（あく抜きしたもの）
……………………………120g
わかめ（乾燥）………………4g
だし汁…………………………100㎖
薄口しょうゆ…………………小さじ１
みりん…………………………小さじ½

作り方

1 精白米はといで炊飯器に入れ、規定の量の水で炊く。

2 たけのこはせん切りにする。

3 わかめは戻して、小さめに切る。

4 鍋にたけのこ、だし汁、薄口しょうゆ、みりんを入れ、弱火で15分ほど煮る。

5 わかめの水気をよく絞り、4 に入れ、ひと煮立ちさせる。味がしみ込むように冷ましておく。

6 食べる直前に、5 をごはんに混ぜる。

※あれば木の芽を飾る。

【たけのこのせん切り】

たけのこは、長さをそろえて等分にします。次に縦に薄切りにしていきます。薄切りにしたものを重ね、端から薄く切ると、せん切りの完成。たけのこの上部が縦に切りにくいときには、たけのこをまな板に寝かせて置き、まな板と平行に包丁を入れて薄く切りましょう。

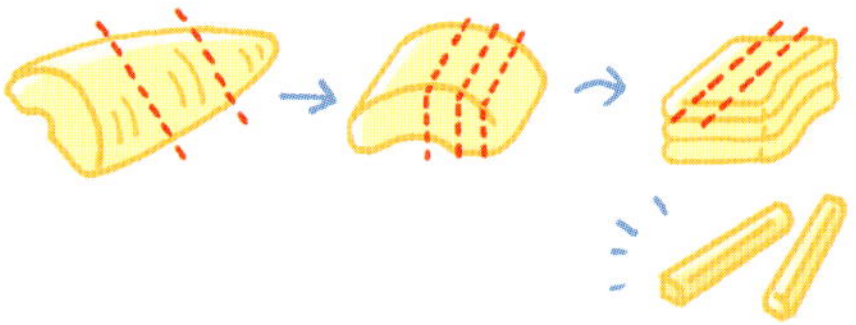

春野菜たっぷりみそ汁

材料　（大人２人、子ども２人分）

チンゲンサイ ……………………… ½株
春キャベツ …………………… 葉２枚
たけのこ（あく抜きしたもの）…40g
絹さや ……………………………40g
だし汁 …………………………600㎖
みそ ………………………… 大さじ2½

作り方

1 チンゲンサイ、春キャベツは食べやすい大きさに切る。たけのこはせん切りにする。絹さやはすじを取って、沸騰した湯に塩（分量外）を入れ、１～２分ゆでる。

2 鍋にだし汁を入れ、煮立ったらチンゲンサイ、春キャベツ、たけのこを入れ、さっと煮てみそを溶く。器に盛り、絹さやを添える。

調理のワンポイント

絹さやは1年を通して手に入りやすい野菜ですが、具材のおすすめは、砂糖えんどう。絹さやを改良したもので、さやが厚く、豆も大きめでやわらかく、甘味があってさやごと食べられます！

kitchen memo

新じゃがを手軽に味わおう！

園では、新じゃがをいろいろな食べ方で味わっています。新じゃが入りのみそ汁は、子どもたちに人気の一品。また、とれたてのものは、皮ごと蒸して、塩だけの味つけで素材の味を大切にしながらいただくこともあります。

皮のついたまま蒸したものに、塩と青のりをまぶすと、彩りもきれいで、和風の食卓にぴったりの副菜になるので、ぜひ試してみてください。

自慢レシピ 4

夏野菜をカレーでたっぷりと

トマトとなすのカレー

夏野菜の定番のトマトやなす、ピーマンを
たっぷり使った、具だくさんカレー。
野菜のうま味が加わったまろやかな
ひと皿は、大人も納得の味です。

献立としては

プラス

すいか or ぶどう

赤 血や肉になる
鶏肉

黄 熱や力になる
ごはん、サラダ油、薄力粉

緑 調子を整える
玉ねぎ、にんじん、なす、
トマト、ピーマン、果物

トマトとなすのカレー

材 料 （大人２人、子ども２人分）

鶏もも肉……200g
玉ねぎ……¾個
にんじん……½個
なす……1½個
トマト……1¼個
ピーマン……1個
サラダ油……適量
薄力粉……適量
カレールウ（好みのもの）……120g
水……750mℓ

作り方

1 鶏肉はひと口大に切る。玉ねぎは薄切りにする。にんじんは厚さ5mmくらいのいちょう切りにする。なすはしまになるようにところどころ皮をむき、厚め（約1.5cm）のいちょう切りにする。トマトは湯むきをして、ひと口大に切る。ピーマンは小さめの四角に切り、ゆでておく。

2 熱した鍋にサラダ油をひき、軽く薄力粉をまぶした鶏肉を入れて、両面に少し焼き色がつく程度に焼く。玉ねぎ、にんじん、なすを加え、炒める。全体がなじんだら、水を加え、にんじんがやわらかくなるまで煮る。一度火を止め、カレールウを入れて溶かす。

3 ルウが溶けたらもう一度火にかけ、トマト、ピーマンを加え、とろみがつくまで煮込む。

【トマトの湯むき】

トマトの中央に包丁で浅く十字に切れ目を入れます。鍋に湯をわかして、切れ目を入れたトマトをおたまにのせて、熱湯に漬けると切れ目から皮がむけ始めます。

食欲アップアドバイス

トマトを最後に加えると、トマトの甘味がしっかり残ります。ピーマンの苦味が苦手な子には、ゆでたものをカレーに加えると、苦味をおさえることができて、食べやすくなります。ピーマンを彩りに加えたいときには、多めの油でさっと炒めると、鮮やかな緑色を出すことができます。

ごはん

材 料 （大人２人、子ども２人分）

精白米……２合

作り方

1 精白米はといで炊飯器に入れ、規定の量の水で炊く。

kitchen memo

夏のトマトをさまざまな料理に

　夏が旬のおいしいトマト。たくさん買ったときに、使い切れずに困ったことはありませんか？

　冷やし中華などに添えて、彩りをプラスすることもありますが、生のままで食べきれないときには、今回のレシピのようにカレーに入れたり、小さく切ってスープの具材にしたりしていただいています。

　また、トマトが苦手な子には、グラタンと一緒にしてオーブンで焼く方法もおすすめです。Ｐ83－84で紹介している“新じゃがいものミートグラタン”の場合なら、ミートソースの上に、切ったトマトとチーズをのせて、オーブンでこんがり焼き色がつくまで焼くだけと、調理も簡単です！

自慢レシピ 5

体が温まる根菜をふんだんに
根菜カレー

献立としては
＋《プラス》
みかん or りんご

れんこん、さつまいも、にんじんなど、
ごろごろと大きく切った根菜が主役のカレーです。
煮込んだ野菜の歯ごたえはいろいろ。
冬の十八番カレーにどうぞ。

赤 血や肉になる
豚肉

黄 熱や力になる
さつまいも、ごはん、サラダ油

緑 調子を整える
玉ねぎ、にんじん、れんこん、果物

根菜カレー

材料（大人２人、子ども２人分）

- 豚こま切れ肉……200g
- 玉ねぎ……¾個
- にんじん……½個
- れんこん……100g
- さつまいも……100g
- サラダ油……適量
- カレールウ（好みのもの）……120g
- 水……750mℓ

作り方

1 豚肉は食べやすい大きさに切る。玉ねぎは薄切りにする。にんじんは厚さ 5mm くらいのいちょう切りにする。れんこんは小さめの乱切りにして酢水（分量外）に漬けておく。さつまいもは竹ぐしがすっと通るまでゆでておく。

2 熱した鍋にサラダ油をひき、豚肉、玉ねぎ、にんじん、れんこんを炒める。全体になじんだら水を加え、野菜がやわらかくなるまで煮る。一度火を止めて、カレールウを溶かす。

3 もう一度火にかけ、とろみがつくまで煮て、最後にさつまいもを加える。

ごはん

材料（大人２人、子ども２人分）

- 精白米……2合

作り方

1 精白米はといで炊飯器に入れ、規定の量の水で炊く。

kitchen memo

人気のカレーは季節によって具をかえて楽しむ！

カレーは子どもたちが大好きなメニューのひとつ。園では季節に応じて、カレーに入れる食材をかえています。夏は本書で紹介している、園で栽培した夏野菜のトマトやなす、ピーマンを使ったカレー。冬はこのページで紹介した根菜入りのカレーです。

春のカレーは、旬のそら豆と新じゃがいもを入れて作ります。そら豆は、園の畑で育てているものを使うので、子どもたちに皮むきの手伝いをしてもらいます。家庭でも、子どもと一緒に作ってみてください。

また、秋はおいもほりの時期。園では、子どもたちが育てたさつまいもがたくさんとれるので、さつまいもカレーを作ります。じゃがいものかわりにさつまいもをたっぷり入れた甘味のあるカレーは、やさしい味で子どもたちにとても好評です。

自慢のおやつ

豆乳バナナケーキ

ここがいい！

栄養豊富なバナナ入りで食べごたえ十分！

材料（大人2人、子ども2人分）

ホットケーキミックス	100g
卵	15g
豆乳	25g
バナナ	1本
砂糖	5g

作り方

1. ボウルにホットケーキミックス、卵、豆乳、砂糖を入れ、よく混ぜる。
2. 別のボウルを用意し、バナナの皮をむいて入れ、フォークでつぶす。
3. 1と2を混ぜ合わせ、カップケーキ型に流し入れる。
4. 200℃に温めたオーブンで、焼き色がつくまで約10分焼く。竹ぐしをさして、何もつかなければできあがり。

アレルギー対応 …………………… 卵

卵がなくてもふんわりと！

卵のかわりに卵と同じ分量の豆乳を加えることで、ふんわりとしたケーキが仕上がります。また、豆乳を使っているので、牛乳がNGな子も安心して食べられます。

かんたんコンポート

甘酸っぱくて
おいしいね

ここがいい！

体にいい
りんごを
丸ごと味わう

材料（大人２人、子ども２人分）

りんご……………………………１個
砂糖………………………………10g
（りんごの甘さによって加減する）
水…………………………………３０㎖
レモン汁…………………小さじ½

作り方

1. りんごはよく洗い、皮つきのまま８等分にして芯を取る。
2. 鍋に 1 を重ならないように並べ、砂糖、水、レモン汁を入れ、弱火にかける。４～５分煮て、りんごがしんなりしたら火から下ろし、余熱で味を含ませる。

【余熱】

余熱とは、火を止めたあとに鍋などに残っている熱のこと。その残りの熱で味を含ませます。

おすすめ

夏はコンポートを冷蔵庫で冷やしてアイスに添えても。じっくり煮て、ヨーグルトに混ぜたり、ホットケーキに添えたりしてもおいしく食べられます。

さくいん

このさくいんは、食材を「赤・黄・緑」の栄養のグループに分けて、その食材が使われている料理のページにガイドしています。献立を考えるとき、この3つのグループから、バランスよくレシピを選び、組み合わせることで、栄養バランスのよいレシピを作ることができます。毎日の献立作りにご活用ください。

赤 血や肉になる

肉

肉（加工品）

魚

豆

卵

牛乳・乳製品

小魚・海藻

黄　熱や力になる

いも・でんぷん

ごはん

種実

パン・小麦

めん

緑 調子を整える

野菜

果物

● 協力保育園・幼稚園

あかね保育園（埼玉県・所沢市）
稲毛幼稚園（千葉県・千葉市）
湖東幼稚園（静岡県・浜松市）
なでしこ保育園（山梨県・甲府市）
のしお保育園（東京都・清瀬市）

● 参考文献

『食材の下ごしらえ 早引き便利帳』 青春出版社
『料理図鑑』 福音館書店
『絶対おいしい！ はじめての楽しい料理』 主婦と生活社

● STAFF

料理	検見﨑聡美
料理アシスタント	大木詩子
料理撮影	向村春樹（WILL）
園取材撮影	向村春樹（WILL） 中西さやか 渡辺修司
スタイリング	ダンノマリコ
イラスト	やまおかゆか（WILL）
デザイン	川島 梓（WILL）
DTP	新井麻衣子（WILL）
校正	村井みちよ
編集	井上 幸 小園まさみ 滝沢奈美（WILL）

給食がおいしいと評判の
保育園・幼稚園の人気メニュー

毎日おかわり！ かんたんレシピ

初 版 発 行　2014年11月
第9刷発行　2023年 7 月

編著　WILLこども知育研究所
発行所　株式会社　金の星社
〒111-0056
東京都台東区小島1-4-3
tel 03(3861)1861
fax 03(3861)1507
振替　00100-0-64678
https://www.kinnohoshi.co.jp
印刷　株式会社広済堂ネクスト
製本　東京美術紙工

NDC599 p96 24cm ISBN978-4-323-07297-5
乱丁落丁本は、ご面倒ですが小社販売部宛にご送付ください。
送料小社負担にてお取替えいたします。